W0358228

Heinrich Küfner

Die Zeit danach

Chancen und Enwicklungsmöglichkeiten
für Betroffene nach Entwöhnung
und Selbsthilfegruppe

9. erweiterte Auflage

Schneider Verlag Hohengehren GmbH

Umschlaggestaltung:
PE-Mediendesign, Elke Pfiffner, 88521 Ertingen

Gedruckt auf umweltfreundlichem Papier (chlor- und säurefrei hergestellt).

Bibliografische Information der Deutschen Nationalbibliothek

Die Deutsche Nationalbibliothek verzeichnet diese Publikation in der Deutschen Nationalbibliografie; detaillierte bibliografische Daten sind im Internet über ›http://dnb.d-nb.de‹ abrufbar.

ISBN: 978-3-8340-0596-0

Schneider Verlag Hohengehren,
Wilhelmstr. 13, D-73666 Baltmannsweiler

Das Werk und seine Teile sind urheberrechtlich geschützt. Jede Verwertung in anderen als den gesetzlich zugelassenen Fällen bedarf der vorherigen schriftlichen Einwilligung des Verlages. Hinweis zu § 52a UrhG: Weder das Werk noch seine Teile dürfen ohne vorherige schriftliche Einwilligung des Verlages öffentlich zugänglich gemacht werden. Dies gilt auch bei einer entsprechenden Nutzung für Unterrichtszwecke!

© Schneider Verlag Hohengehren, 73666 Baltmannsweiler 2009
Printed in Germany – Druckerei Djurcic, Schorndorf

Inhaltsverzeichnis

Vorwort zur Neuauflage 2009 9

Geleitwort 11

Vorwort 13

Einführung 15

1. Die Situation am Ende der Entwöhnungs- oder Rehabilitationsbehandlung . . . 18

1.1 Abschied und Trennung 20

1.2 Wie ziehe ich Bilanz? 21

1.3 Was wird auf mich zukommen? 47

1.4 Welche Ziele und Aufgaben habe ich für die nächste Zeit? 53

2. Die Situation danach 59

2.1 Die ersten Wochen danach 59

2.2 Der Alltag kehrt wieder ein 62

2.3 Längerfristige Ziele und Perspektiven 64

2.4 Krisensituationen 68

2.5 Prüfliste für die Situation danach 77

3. Das Bindungs-Autonomie Modell 84

3.1 Beschreibung des Modells 84

3.2 Anwendungsbeispiele 89

4. Wie kann ich die Zeit danach nutzen? 93
4.1 Selbstanalyse 93
4.2 Das Problem, sich zu ändern 96
4.3 Probleme mit Suchtmitteln im Alltag 101
4.4 Selbstbild (Selbstbewusstsein, Selbstwertgefühl) 113
4.5 Probleme im Kontakt mit anderen 119
4.6 Umgang mit Gefühlen 126

5. Selbsthilfe, professionelle Beratung und Therapie 133
5.1 Wann brauche ich Unterstützung und Hilfe? 133
5.2 Das Angebot an Hilfe 139

6. Krisen in Selbsthilfe und professioneller Therapie 150
6.1 Erste Kontakte mit Selbsthilfe und Therapie (nach der Entwöhnungsbehandlung) 150
6.2 Beendigung von Selbsthilfe und professionellen Therapieformen 151
6.3 In der Gruppe nicht akzeptiert 154
6.4 Probleme mit meinem Therapeuten 154
6.5 Auseinandersetzung mit anderen 156
6.6 Eine Gruppe löst sich auf 157
6.7 Paarbildung 158
6.8 Geringe Therapiebereitschaft 159
6.9 Einengung auf die Gruppe 161
6.10 Betroffenheit durch die Probleme anderer 161

7. Religion und Sucht 164
7.1 Erfahrungen mit Religion 164
7.2 Astrologie, Wiedergeburtslehre und andere Lehren und Techniken (Esoterik, New Age, Spiritualismus, Magie u. a.) 172

8. Anhang 174
8.1 Die zwölf Schritte der Anonymen Alkoholiker 175
8.2 Hinweise für einen persönlichen Lebenslauf 176
8.3 Fragebogen zum Rauchverhalten 178
8.4 Hinweise zur Überprüfung des Essverhaltens 180
8.5 Hinweise zur Traumdeutung 183
8.6 Progressive Muskelrelaxation nach Jacobson 185
8.7 Adressenverzeichnis aus dem Suchtbereich 187
8.8 Literaturverzeichnis 196

Vorwort zur Neuauflage 2009

Bei der vorliegenden Überarbeitung ging es um kurze, knapp formulierte, aber wichtige Ergänzungen, die sich zum einen aus der Diskussion aktueller Themen in der Fachöffentlichkeit Sucht der letzten Jahre und zum anderen aus Therapieerfahrungen in der Zeit nach einer Entwöhnungs- bzw. Rehabilitationsbehandlung ergeben haben. So werden in der Neuauflage zusätzlich folgende Themen, zum Teil nur kurz, erwähnt und angesprochen sowie zum Teil Literaturhinweise für eine Vertiefung gegeben:

- Das kontrollierte Trinken
- Das Thema Willensfreiheit in der Diskussion der Neurobiologie
- Der Glücksbegriff und seine Differenzierungen
- Der Einsatz allgemeiner und suchtspezifischer Psychopharmaka
- Die Bedeutung des Tabakmissbrauchs, des pathologischen Spielens und der Internetsucht
- Begriffsklärungen im religiös-weltanschaulichen Bereich
- Trauma Erfahrungen
- Die Bewältigung von Konflikten und Trennungen im Partnerschaftsbereich
- Die Beziehung zur Herkunftsfamilie
- Eine Differenzierung des Aggressionsbegriffs
- Zwei Aphorismen wurden neu aufgenommen

Und nicht zuletzt wurde

- Die Adressenliste der Suchthilfe neu bearbeitet.

Unverändert beibehalten wurde der bewährte Grundcharakter des Buches als Anregung und Ermutigung für einen manchmal langen, konstruktiven Veränderungsprozess nach einer abgeschlossenen Rehabilitationsbehandlung oder auch nach einer qualifizierten Entzugsbehandlung (Akutbehandlung). Dieser Veränderungsprozess ist im Grunde lebenslang, was aber nicht heißt, dass er ständig im Mittelpunkt stehen muss, sondern nur von Zeit zu Zeit stärker im Fokus der eigenen Aufmerksamkeit steht. Daher kann das Buch auch bei einem längeren Abstand zu einer Suchtbehandlung Orientierung und persönliche Weiterentwicklung fördern und erleichtern.

Für die Manuskriptgestaltung zur Neuauflage möchte ich mich herzlich bedanken bei Frau Danielle Heiss, stud.cand.psych., München

München, April 2009 Heinrich Küfner

Herrn Professor
Dr. Wilhelm Feuerlein
zum 89. Geburtstag

Geleitwort

Dieses Buch ist ungewöhnlich in mehrfacher Hinsicht:

1. Das Thema wird selten bearbeitet, obwohl es höchst aktuell ist. Alle Fachleute und die meisten Betroffenen kennen die Notwendigkeit einer intensiven Entwöhnungsbehandlung. Die spezifischen Gefahren und Chancen, die sich in der von allen Betroffenen herbeigesehnten und zugleich gefürchteten „Zeit danach" ergeben, finden aber kaum eingehende Beachtung. Auch dort, wo von diesen Problemen gesprochen und geschrieben wird, bleibt es meist bei allgemeinen Hinweisen auf Nachsorge und Nachbehandlung. Wie man aber in dieser Welt „draußen" leben soll, in der man ja vorher nicht zurecht gekommen ist und in der noch so viele Felsbrocken aus der „Zeit davor" herumliegen, wird im einzelnen kaum dargelegt. Deswegen ist es nicht verwunderlich, dass in den ersten sechs Monaten die meisten Rückfälle auftreten. Offenbar fehlt es aber auch an einer wirksamen Motivierung, entsprechende Strategien zur Bewältigung der spezifischen Gefahren der „Zeit danach" zu erlernen und einzusetzen. Sonst könnte es eigentlich kaum erklärt werden, dass z. B. 39 % der Männer und 28 % der Frauen, die eine Entwöhnungsbehandlung wegen Alkoholismus abgeschlossen hatten, in den ersten dreieinhalb Jahren nach Abschluss der Entwöhnungsbehandlung überhaupt keine Selbsthilfegruppe aufgesucht haben (Küfner et al. 1988).
2. Das Buch legt besonderen Wert auf eine umfassende Beschreibung und Diskussion der Chancen und Entwicklungsmöglichkeiten in der „Zeit danach". Mit anderen Worten: es wird das „Positive" betont, ohne freilich die Darstellung des „Negativen", der Gefahren, zu vernachlässigen. Es wendet sich auch einigen Gebieten zu, die zwar heute aktuell sind, aber in psychologischen Publikationen selten angesprochen werden: der Religion und der Esoterik. Das Buch spiegelt die lange suchttherapeutische Erfahrung, aber auch die Vertrautheit des Autors mit dem psychotherapeutischen und philosophischen Schrifttum wieder. Er bezieht sich in erster Linie auf die verschiedensten geistigen Strömungen der letzten Jahrzehnte, neben der Tiefenpsychologie und der Verhaltenstherapie vor allem auf die humanistische Psychologie. Durch die zahlreichen epigrammatischen Zitate

von Philosophen des klassischen Altertums (vor allem Epiktet) und der Renaissance (z. B. Gracian) erhält das Buch eine besondere Note. Der Autor scheut sich aber auch nicht, seine eigene subjektive Meinung ganz offen zu bekennen.

3. Ungewöhnlich sind schließlich die Methoden, die benutzt werden, um die Informationen an den/die Leserin zu bringen. Der Stoff ist übersichtlich strukturiert und in einem flüssigen, relativ leicht verständlichen Stil dargeboten. Neben einer Analyse der verschiedenen spezifischen Situationen und allgemein wissenschaftlich fundierten Ausführungen werden zahlreiche praktische Ratschläge und Handanweisungen gegeben. Darüber hinaus will der Autor, den/die Leserin bei der Lektüre zu aktiver Mitarbeit anregen, z. B. durch die Verwendung von Fragebogen.

Das Buch sprengt also den Rahmen der meisten gängigen Bücher zum Thema „Sucht“. Man liest es mit Freude, es gibt viele Denkanstöße, es mag aber auch hier und dort zur Kritik oder gar zum klaren Widerspruch herausfordern. Ich hoffe und erwarte, dass es viele Leser findet, die mit ihm lernen, mit dieser schwierigen „Zeit danach“ besser fertig zu werden. Vielleicht gibt es auch dem einen oder anderen künftigen Autor Anregungen für die Nachfolge in Zielsetzung und Methode.

München, Oktober 1991 Wilhelm Feuerlein

Vorwort

Das vorliegende Buch geht zurück auf eine Initiative von Herrn Dr. Hans-Günther Prescher, der für die Zeit nach einer Entwöhnungsbehandlung eine Lücke in der Literatur sah. In dieser Phase bekam ich Kontakt zu ihm und erarbeitete einen ersten Gliederungsansatz.

Die ursprüngliche Idee von Herrn Dr. Prescher bestand darin, Betroffene über ihre Erfahrungen in der Zeit nach einer Entwöhnungsbehandlung erzählen zu lassen, diese Berichte zu kommentieren und zu publizieren, um aus ihrer Summe Hilfen und Ratschläge zu entwickeln und anzubieten. Aus verschiedenen Gründen konnte dieses Vorhaben nur teilweise realisiert werden. Es wurden zwar die Berichte von Betroffenen gesammelt, aber es kam dann nicht zu einer entsprechenden Aufbereitung und zusammenfassenden Darstellung.

Nach einer groben Durchsicht der vorhandenen Berichte habe ich mich dann entschlossen, die Situation der Betroffenen mehr unter dem Gesichtspunkt der eigenen, aktiven Selbsthilfe darzustellen. In dieser Perspektive ließen sich die Berichte über die Erfahrungen Betroffener nicht mehr einordnen, so dass diese leider nicht weiter verwertet werden konnten. Sie hätten auch den räumlichen Rahmen dieses Buches gesprengt.

Meine Therapieerfahrungen im Bereich der ambulanten Entwöhnungsbehandlung und der Nachsorge bzw. Nachbehandlung beziehen sich hauptsächlich auf meine Arbeit in der Poliklinik des Max-Planck-Institutes für Psychiatrie unter Leitung von Prof. Dr. Wilhelm Feuerlein, dem ich den Einstieg in die Alkoholismustherapie und Alkoholismusforschung und zahlreiche Anregungen und Hinweise verdanke, die ich im Einzelnen nicht darstellen kann. Für seine großzügige Förderung und langjährige Zusammenarbeit sei ihm herzlich gedankt. Den unmittelbaren Einstieg in die Psychotherapie verdanke ich Herrn Dr. Johannes Kemper, mit dem zusammen ich die erste tiefenpsychologisch orientierte, ambulante Gruppentherapie leitete. Die zum Teil parallel laufenden verhaltenstherapeutischen Gruppen von Herrn Dipl.-Psych. Franz Dittmar sowie etwas später die integrative Gruppentherapie von Frau Dr. Elisabeth Brenk-Schulte haben das für verschiedene Therapierichtungen offene Klima geprägt. Es kam zu einem vielfältigen kollegialen Erfahrungs- und Meinungsaustausch, der meine Sichtweise der Problematik bestimmt hat. Zeitweise trug dazu auch eine gemeinsame Supervision durch Herrn Dr. Otto Hürter bei. Weitere Kollegen im Zusammenhang mit der Alkoholismustherapie waren Frau Dr. Dorothea Voit, Herr Dr. Josef Heuschneider, Herr Dr. Dr. Jörg Hladny, Herr Dipl.-Psych. Dr. Wolfgang Pfeiffer, Frau Helga Bryant, Herr Heiner Donhauser sowie Herr Dipl.-Psych. Manfred Huber.

Für die Durchsicht und für Änderungsvorschläge möchte ich mich bedanken bei Herrn Dr. Gerhard Bühringer, Herrn Prof. Dr. Wilhelm Feuerlein, Herrn Norbert Gritschke, Herrn Dipl.-Psych. Thomas Heiber, Herrn Dr. Hans-Günther Prescher, Frau Kriemhild Sauer und Herrn Dipl.-Psych. Ralf Schneider.

Nicht zuletzt möchte ich mich für das Schreiben der Arbeit mit all den vielen Korrekturen und zahlreichen Versionen bei folgenden Personen bedanken: Frau Elka Wulfmeyer, Frau Maria Yah, Frau Veronika von Bronk und Frau Marie-Therese Kaufmann. Dem Verlag Röttger danke ich für die Aufnahme der ursprünglichen Idee und für die beständige Unterstützung der Arbeit.

München, Oktober 1991 Heinrich Küfner

Einführung

Angesprochen ist jeder, der Alkoholprobleme hat oder hatte, aber auch Angehörige und Therapeuten im Suchtbereich. Im Mittelpunkt steht der Betroffene selbst, um ihn geht es, um seine Chancen und Entwicklungsmöglichkeiten. Wie der Titel erkennen lässt, steht die Zeit nach einer Entwöhnungsbehandlung, aber auch die Zeit nach der Teilnahme an einer Selbsthilfegruppe im Mittelpunkt. Für Betroffene, die keine solche Erfahrung in Therapie oder Selbsthilfegruppen (oder in Einzeltherapie) haben, ist es etwas schwieriger, aus diesem Buch den gleichen oder ähnlichen Nutzen zu ziehen, weil solche Erfahrungen teilweise vorausgesetzt und bearbeitet werden.

Unter dem Motto „Hilfe zur Selbsthilfe" geht es dabei um Folgendes:

1. Anregungen zu einer persönlichen Zwischenbilanz nach einiger Zeit der Abstinenz und der Therapie bzw. der Erfahrung in Selbsthilfegruppen.
2. Informationen und Entscheidungshilfe für die Auswahl zwischen Selbsthilfe- und Therapieangeboten.
3. Orientierungshilfe in Krisensituationen, sei es bei einem Rückfall oder bei einer Krise im Verlauf einer Therapie.
4. Anregungen, eigene Probleme und Konflikte selbst in die Hand zu nehmen durch Selbstanalyse und Selbsthilfetechniken, aber auch durch aktive Suche nach Hilfe und Unterstützung.

Der Hintergrund für diese Ziele ist durch folgende Grundvorstellungen beschrieben:

Das Angebot an Therapie und Selbsthilfe kann derjenige besser nutzen, der besser darauf vorbereitet ist, der sich diesem Erfahrungsangebot mehr öffnen kann, der mehr Informationen darüber hat, der bewusst auswählen kann und der vor allem aktiv das für ihn Wichtige aufgreift.

Das Problem Alkohol ist so vielschichtig, dass zu seiner Bewältigung alle verfügbaren Medien und Mittel eingesetzt werden sollten. Die unmittelbare Erfahrung in Therapie oder Selbsthilfe ist zwar zentral, sie sollte aber entsprechend unterstützt und begleitet werden durch andere Medien wie Bücher, Video oder Tonband.

Für jeden Betroffenen gibt es Wege zu seinen Zielen und zu Lösungen seiner Probleme, aber es gibt für niemanden eine Patentlösung, die das Problem Alkohol wie von selbst bewältigen könnte. Jeder Betroffene ist also aufgefordert, eine Möglichkeit ganz für sich selbst zu suchen und zu realisieren. Der Schlüssel dazu muss aber nicht immer ein ganz individueller sein. Oft genügt es, den richtigen „Dietrich“ (eine Art einfacher Generalschlüssel) für das Tor zur Bewältigung der eigenen Probleme und Konflikte zu finden.

Es wird hier keine umfassende Theorie der Entwicklung der Alkoholabhängigkeit zugrunde gelegt. Die wissenschaftlich belegbaren Fakten sind nach wie vor nicht ausreichend, um erfahrungswissenschaftlich begründete Aussagen für den Einzelfall zu machen. Als theoretische Leitlinie dienen jedoch die verschiedenen Grundmotivationen von Bindung und Autonomie, die für die Entwicklung und Bewältigung der Sucht als zentral angesehen werden. Über diese beiden Begriffe Bindung und Autonomie finden Sie in diesem Buch noch ausführliche Informationen (ab Seite 84). Für die biologischen Grundlagen kann hier lediglich auf Literatur verwiesen werden (z. B. Soyka & Küfner, 2008). Auf die Frage der Pharmakotherapie wird später noch eingegangen (s. S. 109 und S. 148).

Die therapeutischen Aspekte sind durch die analytische Tiefenpsychologie geprägt, auch wenn es sich hier nicht um die klassische Psychoanalyse handelt. Daneben werden Konzepte und Verfahren der Verhaltenstherapie, der Transaktionsanalyse, der Gestalttherapie, der systemischen Therapie und der Logotherapie aufgegriffen. Die Verwirklichung von Selbsthilfe erfordert ein breites Spektrum von Methoden und Techniken, weil auch die Ausgangslage sehr verschiedenartig sein kann.

Schließlich seien noch einige Hinweise zum Lesen gegeben:

- Lassen Sie sich durch die vielen Fragen und Anregungen nicht abschrecken und entmutigen. Für Sie selbst sind nicht alle von Bedeutung. Die für Sie wichtigen gilt es aber herauszufinden.
- Gehen Sie immer von sich aus, d. h. von Ihren eigenen Erfahrungen. Fragen Sie sich, was Sie wollen oder suchen. Lesen Sie bitte erst dann weiter, wenn Sie das wissen. Auch einfache Neugierde ist eine wichtige Motivation.

- Suchen Sie sich die Themen und Abschnitte heraus, die für Sie wichtig und anregend sind. Sie können dazu das Inhaltsverzeichnis benutzen. Finden Sie Ihren eigenen Stil des Lesens und des Durcharbeitens. Sie können den Text mit Unterstreichungen und Bemerkungen gliedern, aber auch einfach lesen ohne längere Pausen des Nachdenkens.

- Wenn Sie schnell einen ersten Überblick gewinnen wollen, können Sie sich an die umrahmten Texte halten.

- An verschiedenen Stellen werden Lebensweisheiten (Aphorismen) zitiert, wie hier an dieser Stelle:

Ein unerträglicher Narr ist,
wer alles
nach seinen Begriffen
ordnen will.
Gracian

Solche Aphorismen sollen zum Nachdenken und Verweilen einladen und den Blick weiten über den Text hinaus. Sie werden deshalb in der Regel nicht weiter erläutert.

1. Die Situation am Ende der Entwöhnungs- oder Rehabilitationsbehandlung

Ihre Therapie, sei sie ambulant oder stationär, geht zu Ende oder ist schon zu Ende gegangen. Sie hat einige Zeit gedauert, meist zwischen zwei und sechs Monaten, manchmal auch länger, selten kürzer. Es hat sich viel ereignet in dieser Zeit. Nun beginnt ein neuer Abschnitt der Bewährung und der Wiederanpassung an Alltagsverhältnisse. Dazwischen liegt eine kurze Phase des Übergangs, der Nachbereitung und der Vorbereitung auf das Kommende, in der sich eine Reihe von Fragen stellen.

> Die wichtigste Frage lautet:
>
> Wie habe ich es geschafft, bislang ohne Alkohol auszukommen? Warum sollte ich das in Zukunft nicht fortsetzen können!

Sie haben einige Zeit ohne Alkohol gelebt, und hierzu darf man Sie beglückwünschen. Es war sicher manchmal schwer, ohne Alkohol auszukommen, aber irgendwie ist es dann doch gegangen. Ihr Verzicht auf Alkohol hat sich insgesamt positiv ausgewirkt. Also ist Ihre frühere Entscheidung, eine Therapie zu machen oder eine Selbsthilfegruppe zu besuchen, richtig gewesen, ganz gleich, ob dies ursprünglich mit oder ohne äußeren Druck geschehen ist. Wie habe ich das bisher geschafft?

Das ist keine Frage, bei der man sich selbst auf die Schulter klopft, sondern die Antwort darauf macht es leichter, mit künftigen Problemsituationen schneller und besser fertig zu werden.

War es der eigene Wille?

Dann haben Sie einen starken Willen bewiesen, an diesem Ziel der Alkoholabstinenz festzuhalten.

Lassen Sie sich den eigenen Willen durch eine moderne neurobiologische Richtung, die behauptet, der Wille sei eine Illusion, nicht absprechen. Diese Behauptung ist nicht ausreichend durchdacht und beruht u. a. auf Untersuchungsergebnissen über das Armheben und davon abgeleiteten Überlegungen, die jedoch eine solche Verallgemeinerung in keiner Weise rechtfertigen. Die Vorbereitung einer Handlung erfolgt neurobiologisch unbewusst ohne unser Wissen und unsere Aufmerksamkeit, die Kontrolle über den Vollzug der Handlung, im Extremfall nur ein Stopp der Handlung, bleibt jedoch Kern der Willensfreiheit (Libet 2005; Originalausgabe 2004).

Sie hatten keine Gelegenheit zu trinken?

Wenn Sie wirklich gewollt hätten, hätten Sie sich Alkohol besorgen können, das wissen Sie genau. Sie wollten also nicht wirklich wieder trinken, es war Ihre Entscheidung.

Waren es Gespräche mit anderen in schwierigen Situationen?

Wenn Sie die Erfahrung gemacht haben, dass solche Gespräche Sie weiterbringen und Ihnen Erleichterung verschaffen, dann ist das ein wertvoller Hinweis für künftige Krisensituationen.

War es Ablenkung oder Ersatz durch andere Aktivitäten?

Das bedeutet, andere Aktivitäten wie Sport, kreatives Gestalten oder auch Arbeit haben Ihnen Freude gemacht. Das kann weitergeführt werden.

Waren es Erinnerungen an negative Folgen?

Dann ist das ein klarer Hinweis, wie Sie Gedanken an Alkohol unter Kontrolle bringen können.

Lassen Sie sich durch Konzepte eines so genannten „kontrollierten Trinkens" nicht verführen und von Ihrer eigenen Erfahrung abbringen. Sie haben früher sicherlich schon mehrmals ohne Erfolg versucht, kontrolliert zu trinken. Es mag Leute geben, die das wieder erlernt haben, aber keiner weiß genau, wer das kann, und wie jemand das geschafft hat. Das Suchtgedächtnis, wie immer das auch genau neurobiologisch aussehen mag, kann wahrscheinlich nicht einfach gelöscht werden, sondern bleibt weiterhin als kompensiertes Risiko erhalten. Wenn für Sie das persönliche Risiko nahe 95 % und mehr ist, dass es nicht funktioniert, ist die Entscheidung für Alkoholabstinenz sicherlich die beste Lösung. Auch lohnt es sich nicht, um das bisschen Alkohol zu kämpfen.

Wenn Ihnen der Schritt einer lebenslangen Abstinenz zu groß erscheint, wählen Sie einen kleineren Zeitraum, den Sie überblicken können und der für Sie passt und kommen dann zu einer neuen Entscheidung.

Wenn Sie allerdings unbedingt dieses sehr hohe Risiko eines neuen Absturzes in frühere problematische Zeiten im Verhältnis zu einem sehr kleinen Gewinn eines kontrollierten Alkoholkonsums eingehen wollen, sollten Sie das tun. Aber vergessen Sie dabei nicht die Alternative der Abstinenz, wenn das kontrollierte Trinken zu kompliziert wird und nicht funktioniert.

Keiner kann Herr über sich selbst sein, wenn er sich nicht zuvor selbst begriffen hat.
Gracian

1.1 Abschied und Trennung

Im Verlauf der Therapie oder Selbsthilfeerfahrung entwickeln sich oft Freundschaften, viele nur auf Zeit, manche aber auch, die sehr viel länger halten, vielleicht das ganze Leben lang. So intensiv wie während einer stationären Therapie lernt man sich nur selten kennen. Man sieht und trifft sich ständig oder zumindest regelmäßig, man kommt sich näher, man hat Zeit, über sich und andere nachzudenken.

Die Beziehung zum Therapeuten kann ganz verschieden gewesen sein: Manche sehen in ihm einen Reisebegleiter, der sie ein Stück ihres Lebenswegs begleitet, manche sehen in ihm einen Freund, wieder andere eine Art Vater- oder Mutterfigur, manche haben sich auch in ihn oder sie verliebt. All das soll mit dem Abschluss der Therapie vorbei sein?

Das Ende der Therapie bedeutet Abschied von Personen, die einem wichtig und lieb geworden sind, deren Bekanntschaft und Freundschaft man nicht missen möchte. Abschied heißt oft auch Verlust von Zuneigung und Rat. Die positiven Erlebnisse und die Erinnerungen bleiben und können einem nicht mehr genommen werden. Schade ist es, wenn gute Erfahrungen einfach übergangen oder vergessen werden und sie deshalb keine positive Wirkung mehr entfalten können.

Abschiednehmen heißt loslassen, auch wenn es sehr schwer fällt. Aber man wird sich meist wieder sehen, bei einem Treffen der „Ehemaligen" oder weil man einfach ein privates Treffen vereinbart. Mit dem Therapeuten geht das oft nicht so einfach. Denn der hat ja schon bald die nächste Gruppe. Wird er sich überhaupt noch an mich erinnern? Und umgekehrt: Kann ich etwas von ihm in Erinnerung behalten?

Gelegentlich stellt man sich später vor, was der Therapeut in dieser oder jener schwierigen Situation wohl tun oder einem sagen würde. – Das ist manchmal ausreichend, um kurz nachzudenken und einen Weg zu finden. Man erinnert sich vielleicht an ein paar Worte, die er oder sie einmal gesagt hat, oder an eine Szene oder Anekdote, die weitergeholfen haben.

Abschied nehmen heißt aber auch Trennung von diesem Ort des Beschütztseins und der Geborgenheit. Die Zeit des Ausprobierens von neuen Erfahrungen, sei es im Gespräch mit anderen, sei es im Umgang mit Ton, Holz oder anderen Materialien, ist zu Ende. Später, zuhause, ist es manchmal schwierig, gelernte neue Rollen und Verhaltensweisen fortzusetzen und die eine oder andere kreative Tätigkeit weiter zu pflegen.

1.2 Wie ziehe ich Bilanz?

Schlechte Ausführung
ist nicht so verderblich
wie Unentschlossenheit
Gracian

Am Ende der Therapie ist es Zeit, Bilanz zu ziehen. Wenn Sie die erste Seite, genauer, die erste Frage für sich beantwortet haben, dann haben Sie schon eine Teilbilanz gezogen, eine positive Bilanz bezüglich des zunächst wichtigsten Ziels, nämlich der Alkoholabstinenz.

Als nächstes folgt eine Einschätzung Ihrer sicher stabiler gewordenen Gesundheit, Ihres Aussehens und Ihrer Ernährung, sowie Ihrer materiellen Situation und Sicherheit. Eine weitere Bilanz bezieht sich auf die zurückliegende Therapie- oder Selbsterfahrung.

Eine Beurteilung der vergangenen Therapie erfordert zunächst einmal, sich zu erinnern: Was habe ich in dieser Zeit erlebt, was hat mich beeindruckt, was war positiv, was negativ?

Versuchen Sie, auftauchende Gedanken und Einfälle in der Vorstellung möglichst konkret und anschaulich festzuhalten. Solche Erinnerungen sind die Grundlage für die Beantwortung verschiedener Einzelfragen. Schließlich heißt Bilanz ziehen, nach Änderungen des gesamten Verhaltens und der eigenen Persönlichkeit zu fragen. Dabei gilt es aber auch, die eigenen Ziele und Erwartungen zu berücksichtigen. Das klingt kompliziert und aufwendig. Wenn Sie sich jedoch von dem leiten lassen, was Sie anspricht, was Sie bewegt, bleibt die Aufgabe einer Bilanz für Sie überschaubar und ohne große Anstrengung machbar.

Die Erinnerung an die Zeit der Therapie oder Selbsthilfegruppe sowie die Beobachtung der Änderung eigenen Verhaltens sind nicht Selbstzweck. Hauptsächliches Ziel einer solchen Bilanz ist, festzustellen, was an positiven Erfahrungen und Änderungen bereits erreicht wurde und deshalb erhalten oder weiterentwickelt werden sollte. Erst in zweiter Linie geht es auch um die Frage, welche Probleme und Konflikte noch vorhanden sind.

> Die zentrale Frage einer solchen Bilanz lautet also:
>
> Was an meiner Lebenssituation oder meinem Verhalten hat sich positiv geändert, so dass es beibehalten werden sollte über die Zeit der Therapie hinaus?

Eine schnelle Antwort darauf könnte z. B. sein:

- Ich brauche keinen Alkohol mehr, er ist mir nicht mehr wichtig.
- Ich bin selbstbewusster und durchsetzungsfähiger geworden.
- Ich sage anderen meine Meinung.
- Ich bin geduldiger geworden, mit mir selbst und mit anderen.

Ob die Veränderungen durch die therapeutischen Erfahrungen bedingt sind, ist oft nicht klar zu entscheiden. Viele Einflüsse können wirksam gewesen sein. Sie können sich auch sagen, im Endeffekt ist es gleichgültig, wie eine positive Veränderung zustande gekommen ist, entscheidend ist, dass sie eingetreten ist und dass sie bestehen bleibt. Eine Änderung des Verhaltens ist aber gerade in der Phase des Übergangs von der Therapie zur Realsituation des Alltags häufig noch wenig gesichert und gefestigt.

Das Wissen darum, was und wie ich gelernt habe und welche Therapieerfahrungen mir genützt haben, ist daher sehr wichtig, um die positiven Änderungen meiner Lebenssituation und meines Verhaltens aufrechtzuerhalten und zu stabilisieren.

Bilanz über mein Suchtverhalten

An erster Stelle steht die Frage: Wo stehe ich bezüglich des Suchtmittels? Das können Sie am besten erkennen, wenn Sie beantworten, inwieweit die folgenden drei Aussagen auf Sie zutreffen.

	trifft voll zu	trifft etwas zu	trifft nicht zu
1. Ich darf keinen Alkohol mehr trinken.	☐	☐	☐
2. Ich will keinen Alkohol mehr trinken.	☐	☐	☐
3. Ich brauche keinen Alkohol mehr.	☐	☐	☐

„Ich darf nicht …“ ist ein Verbot, das einer Begründung bedarf. Mein Hausarzt sagt, dass ich keinen Alkohol mehr trinken darf.

Mein Partner sagt mir, dass ich das nicht darf. Kann ich das auch zu mir selbst sagen, ich darf nicht?

Es gibt sicherlich viele, individuell sehr verschiedene Gründe, nicht mehr zu trinken. Sie kennen das zur Genüge. Die Frage ist eigentlich, erkenne ich diese Gründe auch für mich an, akzeptiere ich sie?

Es ist Mode geworden, das „Du darfst nicht“ als unwirksam und veraltet hinzustellen. Die Wirkung eines solchen inneren Verbots wird aber leicht unterschätzt. Entscheidend ist, dass man das „Du darfst nicht“ für eine erste Phase der Abstinenz mit Nachdruck zu sich selbst sagen kann.

Wenn sich in einem nächsten Schritt eine innere Einsicht entwickelt hat, die Sie voll und ganz bejahen können, und Sie sich voll auf die Seite Ihrer Entscheidung stellen können, dann bedeutet das schließlich: „Ich will es“. Und nach einiger Zeit zeigt die Erfahrung der Abstinenz, dass der Alkohol allmählich unwichtiger wird, immer seltener ein Verlangen auftritt, bis sich jemand voll und ganz sagen kann: „Ich brauche ihn nicht.“

Kleine Übung:

Sprechen Sie langsam entweder stumm für sich oder auch laut nacheinander die drei Sätze aus:

(1) „Ich darf keinen Alkohol mehr trinken“
(2) „Ich will keinen Alkohol mehr trinken“
(3) „Ich brauche keinen Alkohol mehr“

Machen Sie dazwischen jeweils eine kurze Pause. Lassen Sie die Sätze auf sich wirken und achten Sie darauf, was diese gefühlsmäßig auslösen.

Im Allgemeinen werden Sie spüren, dass der erste Satz „Ich darf nicht“ Sie klein macht und einengt.

Der zweite Satz „Ich will nicht“ löst mehr ein Gefühl der Stärke und Energie aus.

Der dritte Satz „Ich brauche nicht“ ist mit Gleichgültigkeit gegenüber dem Alkohol verbunden.

Zur Bewältigung der Sucht ist es entscheidend, die dauerhafte Abstinenz akzeptieren zu können. Das bedeutet Trennung von dem schlechten Freund Alkohol, der Sie lange Zeit begleitet hat. Eine stabile Entwicklung der Abstinenz verläuft von dem „Ich darf nicht ...“ zum „Ich will nicht ...“ und „Ich brauche nicht“. Der Verzicht auf Alkohol stellt dann keinen großen Lebensverzicht mehr dar. Der Gewinn durch die Abstinenz ist weitaus größer als der Verlust des schlechten Freundes Alkohol. Die Vorteile nüchternen Erlebens und Verhaltens sollten Ihnen jederzeit lebendig präsent sein.

Bilanz über Gesundheit, Aussehen, Ernährung

Gesundheit, Fitness

Wahrscheinlich haben sich im Verlauf der Therapie neben subjektiven Verbesserungen in Ihrem Selbstbewusstsein und der Lebenszufriedenheit auch objektive, das heißt äußerlich sichtbare Veränderungen ergeben. Sie werden besser aussehen, sich erholt haben und eine größere körperliche Fitness erreicht haben. Ein Arzt oder Freunde haben Ihnen das vielleicht bestätigt. Es ist klar, dass Sie sich die Gesundheit erhalten wollen. Weniger selbstverständlich und vor allem nicht so leicht durchzuhalten ist es, dafür regelmäßig etwas zu tun (ausreichende Bewegung, geregelter Tagesablauf, kein Dauerstress u. a., siehe Prüfliste Seite 80).

Aussehen, Kleidung

Ihr Äußeres kann sich auch hinsichtlich Ihrer Kleidung geändert haben. Oder sie haben einen anderen Haarschnitt und wirken insgesamt gepflegter. Oft werden Änderungen in der Kleidung als bloße Anpassung an die Mode unterschätzt und zu wenig beachtet.

Wenn Sie als Frau früher immer nur Hosen oder immer nur Röcke getragen haben und nun beginnen, mit Rock oder Hose zu experimentieren, wenn Sie sich jetzt schminken oder es nicht mehr tun, dann signalisiert das eine innere Haltungsänderung zu sich selbst als Frau.

Wenn Sie als Mann jetzt mehr Wert legen auf Körperpflege und Kleidung (oder auch weniger, wenn das früher für Sie äußerst wichtig war), dann deutet dies auf einen Wechsel Ihrer Einstellungen zu sich selbst hin. Ihr Selbstbild und Ihr Selbstvertrauen haben sich in einer für Sie positiven Richtung geändert.

Essgewohnheiten

Auch Änderungen in Ihren Essgewohnheiten sind zu beachten. Während der Therapie sind sie durch den Ablauf in der Therapieeinrichtung bestimmt worden. – War diese Regelmäßigkeit für mich angenehm, will und kann ich sie teilweise in meine Alltagssituation übernehmen?

Nicht wenige werden Essprobleme wegen Übergewicht gehabt haben. Der äußere Ablauf in der Therapie oder ein Diätplan hat deren Bewältigung wahrscheinlich erleichtert. Kann ich davon etwas übernehmen, soll sich davon etwas fortsetzen in meinen Alltag hinein?

Wenn Sie Ihr Essverhalten genauer abklären wollen, können Sie dafür einen speziellen Fragebogen benutzen (siehe Anhang 8.4). Außer der professionellen therapeutischen Hilfe durch Ärzte, Psychologen und Sozialpädagogen gibt es die Selbsthilfegruppen „Overeaters Anonymus“, speziell für Frauen auch ANAD Selbsthilfe Anorexia – Bulimia nervosa, sowie andere Organisationen, die meist regional arbeiten (siehe Anhang 8.4).

Bilanz über meine materielle Situation und Sicherheit

Arbeit, Lebensunterhalt und Unterkunft bilden die materielle Basis für die Absicherung meiner elementaren Bedürfnisse. Sie dienen meiner materiellen Sicherheit. Diese Lebensgrundlagen sind zwar auch abhängig von der allgemeinen sozialen und wirtschaftlichen Situation, aber sie hängen ganz wesentlich von meiner Sorge um mich selbst und um meine Familie oder Partnerschaft ab. Schließlich gehören auch die finanzielle Absicherung im Fall von Krankheit oder Berufsunfähigkeit, z. B. durch Unfall, sowie der Abschluss entsprechender Versicherungen hierher. Problematisch erscheint es, diese Vorsorge als bürgerlich-spießig abzutun. Ein solches Verhalten kann bedeuten, die materielle Absicherung zugunsten so genannter höherer Interessen und Ziele zu vernachlässigen.

> Auch wenn Wohnung und finanzielle Absicherung nicht alles sind, ohne sie wird alles zum Problem.

Bilanz über Therapieerfahrungen

Sie haben es selbst erlebt: Psychotherapie ist nicht wie eine medizinisch-körperliche Behandlung mit einem regelmäßig verordnetem Medikament, sie ist keine Operation und kein Kuraufenthalt. Psychotherapie ist im Kern ein Beziehungs- und Erfahrungsangebot, auf das ich mich einlassen und dessen korrigierende Erfahrung ich aufnehmen und in mein Verhalten und meine Persönlichkeit integrieren kann.

Es ist nicht leicht zu sagen, was habe ich gelernt, welche Therapieerfahrungen habe ich gemacht? In den meisten Fällen entwickelt sich ein globaler Eindruck wie: Es geht mir besser. Es war gut und nützlich, dass ich mich zur Therapie entschlossen habe.

Schwierig ist es, darüber hinaus Genaueres zu sagen. Deshalb werden später einzelne Therapieerfahrungen angesprochen.

Eine ehrliche Antwort auf die Frage kann auch sein: Nichts oder nicht viel. Ich habe eigentlich nichts Neues gelernt, es hat sich bei mir nichts wesentlich geändert. Ich habe mich zwar gut erholen können, fühle mich körperlich fit wie nach einer Kur, aber innerlich verändert hat sich bei mir nichts.

Man könnte das als Problem mangelhafter Therapie auffassen. Aber eine solche Feststellung nützt Ihnen wenig, weil Sie die Therapie nicht unmittelbar beeinflussen können, oder weil Ihre Therapie schon beendet ist. Wenn Sie bereit sind, zu fragen, wie kann ich das Therapieangebot oder die bereits gemachten Erfahrungen besser für mich nutzen, wie kann ich das Beste daraus machen, auch noch im Nachhinein, dann sind Sie auf dem richtigen Weg.

> Die größte Gefahr für die Zeit danach ist die passive Erwartungshaltung, es werde sich irgendwie alles von selbst ändern. Die Zeit heilt sicher einige Wunden, aber sie korrigiert nicht automatisch Ihre Einstellungen und Verhaltensweisen.

Einzelne Therapieerfahrungen

Welche Erfahrungen waren für mich besonders wichtig und was folgt daraus für mich? Zur Klärung dieser Frage ist nachfolgend eine Liste zusammengestellt. Nehmen Sie sich wiederum etwas Zeit für die verschiedenen Fragen, achten Sie auf Ihre spontanen Einfälle und Erinnerungen.

> Wie wichtig waren bzw. sind mir:
>
> - die Erfahrung, dass ich gar nicht so schwach bin, wie ich immer geglaubt habe. – Solche Erfolgserlebnisse machen Mut und Zuversicht, sie stärken Ihr Selbstvertrauen.
> - die Erfahrung, dass ich Zustände von Langeweile, Spannung, Ungeduld und Leere aktiv ertragen kann. Dann erst merke ich, was mir fehlt, was ich eigentlich brauche oder möchte.

- die Erfahrung, dass ich es mir leisten konnte, einmal schwach zu sein und Hilfe in Anspruch zu nehmen. – Das nimmt Ihnen den Druck, immer Ihr Bestes geben zu müssen und nie Fehler machen zu dürfen. Sie erleben, dass Sie auch trotz Ihrer Schwächen angenommen und gemocht werden.
- die Erfahrung, dass ich andere um Rat fragen und ihre Hilfe beanspruchen kann, um ein selbst gestecktes Ziel zu erreichen. – Sie werden dabei erlebt haben, dass die meisten gerne auf Ihre Fragen eingehen, sofern sie sie beantworten können. Vielleicht haben Sie auch erfahren, dass es für jede Frage einen Experten gibt, der gerne angesprochen werden will.
- die Erfahrung, dass ich anderen etwas wert bin, dass ich sympathisch wirke und meine Meinung bedeutsam ist. – Das mildert Ihre eigenen Selbstzweifel und trägt zu Ihrem Selbstbewusstsein und zu Ihrer Lebensfreude bei.
- die Erfahrung, dass ich etwas Handwerkliches oder Künstlerisches schaffen kann. – Dies zeigt, dass Sie Geschick und Phantasie haben und dabei Freude und Spaß haben können.
- die Begegnung und Gespräche mit anderen Betroffenen: Sie haben wahrscheinlich gute Zuhörer gefunden und Sie haben erfahren, dass Sie Einfluss haben und für andere wichtig sind.
- das Zuhören und Mitfühlen, wie andere in das Problem Sucht hineingekommen sind und vor allem, wie sie es geschafft haben, wieder herauszukommen. – Das erleichtert und stärkt die eigene Zuversicht und Hoffnung, es auch selbst zu schaffen.
- die Konfrontation mit anderen in der Gruppe. – Sie haben erfahren können, dass eine Auseinandersetzung in gegenseitiger Offenheit und mit dem Ziel, sich selbst und die eigene Situation realistisch zu sehen, für Sie selbst und für andere nützlich war.
- das Verständnis des Therapeuten. – Das Gefühl, von ihm verstanden zu werden, macht die Probleme leichter, auch wenn es sie nicht unbedingt löst. Es führt zu mehr Verständnis und Offenheit sich selbst gegenüber. Außerdem kommt hinzu: Ich kann Hilfe in Anspruch nehmen, ich bin also in der Lage, aus dem Angebot der Hilfe Nutzen zu ziehen.

Sie können diese Liste von Erfahrungen und auch von Folgerungen sicherlich noch verlängern, darauf kommt es aber nicht an. Wichtiger erscheint, dass Sie sich die für Sie wichtigsten Erfahrungen und Konsequenzen vor Augen führen. Nehmen Sie sich die Zeit, kurz darüber nachzudenken. Auch Ihre negativen Erfahrungen sind wichtig.

Die wichtigsten Erfahrungen waren für mich:

1.

Ergeben sich daraus Konsequenzen für mein Verhalten?

2.

Ergeben sich daraus Konsequenzen für mein Verhalten?

3.

Ergeben sich daraus Konsequenzen für mein Verhalten?

Oft ist es schon ausreichend, wieder Zuversicht und Hoffnung entwikkeln zu können. Die große Veränderung, die wie ein Aha-Erlebnis über einen kommt oder die totale Bekehrung, die zu einer völligen Lebensänderung führt, ist selten und meist auch nicht erforderlich. Es gibt kleine Schritte, die ganz wesentlich zu einem neuen inneren Gleichgewicht beitragen, ohne dass dies nach außen hin dramatisch in Erscheinung tritt. Es kann aber auch sein, dass Sie sich am Ende sagen müssen, ich habe mich während der Therapie zwar gut ausruhen und erholen können, im übrigen habe ich aber meist Theater gespielt. Ich habe den anderen, sowohl den Therapeuten als auch den Mitbetroffenen etwas vorgemacht, ich habe mich nicht geöffnet, sondern still angepasst oder ich habe als glänzender Star in der Gruppe meine Unsicherheiten gut verstecken können. Wenn Sie das erkennen, haben Sie trotz der nicht genützten Therapie eine gute Ausgangsposition für tatsächliche Änderungen.

Mancher möchte wissen, wie eine Therapie idealerweise ablaufen sollte. Vor allem aber interessiert, welche Therapieerfahrungen hilfreich und nützlich sind. Wenn Sie beginnen, solche Fragen an Therapeuten zu stellen, werden Sie häufig unklare Antworten erhalten, weil die einzelnen Wege aus der Sucht so verschieden sein können, dass es kaum eine Antwort gibt, die für alle passt. Das ist in vielen anderen Problembereichen ganz ähnlich. Entscheidend ist, für sich selbst Schwerpunkte zu finden, den berühmten roten Faden oder eine Leitlinie, die eine Richtung weist.

Aus der klinischen Erfahrung und der Literatur kann man aber sagen, was trotz aller Unterschiedlichkeit im Einzelfall in der Regel von Vorteil, was hilfreich ist. Generell gilt, dass sich Erfahrungen besonders günstig für den weiteren Therapieerfolg auswirken, die einerseits das eigene Selbstbild und Selbstbewusstsein, das heißt das Gefühl der eigenen Stärke und Einflussnahme erhöhen und andererseits das Annehmen können von Grenzen und Schwächen verbessern.

Bilanz über Veränderungen der eigenen Persönlichkeit

Die meisten Einzelfragen nach persönlichen Änderungen lassen sich den Bereichen „Bindung und Autonomie“ zuordnen. Diese Konzepte werden in theoretischer Hinsicht in Abschnitt 3 (Das Bindungs-Autonomie Modell als Orientierung) näher dargestellt. Welche Änderungen haben sich ergeben im Bereich der Bindungen, das heißt hauptsächlich der Beziehungen zu anderen Menschen und im Bereich der Selbständigkeit und Unabhängigkeit, das heißt bezüglich Selbstbewusstsein, Durchsetzungsfähigkeit und Selbstkontrolle eigenen Verhaltens? Dazu werden im einzelnen Fragen gestellt und jeweils durch Hinweise und Bemerkungen ausführlicher erläutert. Achten Sie beim Lesen der nachfolgenden Abschnitte wiederum darauf, ob die eine oder andere Frage oder Bemerkung für Sie von Bedeutung ist, ob eine Erinnerung oder Idee ausgelöst wird oder ob sich ein Gefühl der Freude oder des Unbehagens einstellt.

Autonomie (Selbständigkeit, Unabhängigkeit)

Innere Autonomie

Fühle ich mich jetzt nicht mehr so bedrückt und leer wie am Anfang der Therapie?

Habe ich wieder mehr Antrieb und Interessen?

Sie werden sich wahrscheinlich hinsichtlich Stimmung und Aktivität wesentlich besser fühlen als zu Beginn Ihrer Therapie oder Selbsterfahrung. Denken Sie einmal kurz zurück, wie es Ihnen damals erging.

Depressive Zustände sind zu Beginn der Therapie häufig, haben sich aber am Ende der Therapie weitgehend wieder zurückgebildet. Wenn das nicht der Fall ist, sollten Sie mit einem Therapeuten abklären, welche Unterstützung und Hilfe erforderlich ist. Vergleichen Sie auch den Abschnitt über depressive Krisen (Seite 69–72).

Habe ich im Vergleich zur Zeit vor der Therapie ein stabiles Selbstbewusstsein, ohne ständige Selbstkritik und Selbstzweifel, aber auch ohne Überheblichkeit und Selbstüberschätzung?

Es ist sehr wahrscheinlich, dass durch die oft jahrelangen Konflikte und Schwierigkeiten im Zusammenhang mit dem Alkoholproblem Ihr Selbstbewusstsein vor der Therapie mehr oder weniger stark angeschlagen war. Gleichzeitig kann sich zum Ausgleich ein starker Wunsch nach Anerkennung und Selbstbestätigung entwickelt haben, der zum Teil zu unrealistischer Selbsteinschätzung (Unter- oder Überschätzung) und zu Größenphantasien (große Ansprüche an sich selbst und andere) geführt haben kann. Möglicherweise haben diese Probleme aber auch schon vor der Phase des Alkoholmissbrauchs bestanden. Wie auch immer die Situation im Einzelnen bei Ihnen aussehen mag, die Stabilisierung Ihres Selbstbewusstseins ist ein zentraler Bereich positiver Änderung. Selbstbewusstsein besteht zur Hälfte darin, zu seinen eigenen Schwächen zu stehen und zur anderen Hälfte im Wissen um die eigenen Fähigkeiten und Werte.

Das Schlagwort „Identität" bedeutet Übereinstimmung mit sich selbst. Konkret heißt das, ich kann zu meinen Wünschen und Bedürfnissen stehen und ich versuche, sie zu verwirklichen, so gut es in meiner Situation und mit meinen Mitteln geht. Dazu gehört auch, dass ich meine Rolle als Frau oder als Mann in körperlicher und geistiger Hinsicht annehmen kann.

Wenn man von jemandem sagt, sie oder er sei eine Persönlichkeit, so meint man damit, dass diese Person in verschiedenen Lebensbereichen klare Ziele hat und diese mit Energie und Ausdauer zu erreichen sucht, dass sie oder er Haltung und Meinung zeigt in verschiedenen Grundfragen wie Arbeit, Glück, Familie und diese auch lebt. Aber allein schon das feste, ausgeprägte Bemühen um eine solche Klarheit kann ein hinreichendes Charakteristikum einer „Persönlichkeit“ sein. Selbstvertrauen ist ein weiteres Merkmal eines stabilen Selbstbewusstseins. Dazu gehört das Gefühl und die Überzeugung, dass ich mit jeder Situation fertig werden kann, sei es dadurch, dass ich sie verändere, oder dadurch, dass ich versuche, die Situation notfalls so zu akzeptieren, wie sie ist.

Um das eigene Verhalten zu ändern, ist Mut erforderlich, weil ich nie genau weiß, was passieren wird, wenn ich mich anders entscheide. Beispielsweise bedeutet ein „Nein“ im Vergleich zu einem früheren „Ja“, dass ich auf gut bekannte Vorteile und Gewohnheiten verzichten muss, um dafür etwas mir Wichtigeres zu gewinnen, das mir aber unter Umständen noch gar nicht sicher ist. Das ist eine oft schwierige Entscheidungssituation. Mut zur Änderung ist auch eine Aufforderung, alles zu tun, was in meinen Kräften liegt, nicht mehr, aber auch nicht weniger. Es ist ein Anstoß zum Handeln mit der Einstellung, nur das zu wollen, worauf ich auch Einfluss habe. Kurz und prägnant würden die Engländer sagen: „To make the best of it“ (Mach das Beste daraus).

Um mich weiterzuentwickeln, brauche ich auch ein gewisses Maß an Selbstkritik, damit ich mein Verhalten so steuern kann, dass ich das für mich Bestmögliche erreiche. Selbstüberschätzung führt auf Dauer zu den unterschiedlichsten Problemen, vor allem aber zu Enttäuschungen über sich selbst und zu Widerständen bei anderen. Wenn Selbstkritik oder Selbstüberschätzung zu einem Dauerzustand werden, sind vermutlich Ihre Ansprüche an sich selbst z. B. an die eigene Leistungsfähigkeit zu hoch. Aber auch Ihre Erwartungen an andere können überhöht sein. Sie sollten sich in beiden Fällen fragen, wofür brauche ich diese großen Ansprüche. Eine Antwort kann sein: Ich habe große Ansprüche an mich selbst, weil ich mich sonst so unbedeutend und schwach fühle. Oder: Ich habe große Erwartungen an meine Mitmenschen, weil ich mich für besser halte als die meisten anderen, weil ich besser weiß, was richtig und was falsch ist. Neige ich zu solchen Einstellungen?

> Habe ich ausreichend Selbstkontrolle über Gefühle, Gedanken und Wünsche oder habe ich häufig Angst, die Kontrolle über mich zu verlieren, so dass mich diese Angst einengt und belastet?

Manche werden im Verlauf einer Therapie ruhiger und gelassener, andere dagegen bekommen eine dünnere Haut, das heißt, sie werden sensibler und spontaner in ihren Gefühlsreaktionen. Beides kann notwendig und positiv sein; dies ist von den Ausgangsproblemen des Einzelnen abhängig. Über die Gelassenheit wird später noch gesprochen. Hier geht es hauptsächlich um die Kontrolle eigener Gefühle und Wünsche. Wenn Sie schwer kontrollierbare Ängste oder Ärger mit Worten ausdrücken können, gewinnen Sie allein schon dadurch eine erste Kontrolle über sie. Um sich aber nicht in etwas hineinzusteigern, etwa in seine Wut, ist es erforderlich, das Ziel einer Lösung oder Klärung im Auge zu behalten. Nicht gemeint ist also ein bloßes Abreagieren im Sinne von Wut ablassen oder Gefühlen freien Lauf lassen als regelmäßige Strategie.

Während manche Angst haben, die Selbstkontrolle zu verlieren, wünschen sich andere wiederum gelegentlich oder häufig einen solchen Zustand herbei, beispielsweise im Rausch oder in Form einer Ekstase. Sie verlangen immer wieder danach, auch dann noch, wenn sie dafür vieles andere verlieren, vielleicht den Arbeitsplatz oder den Lebenspartner.

Die Anziehungskraft von Rausch und Ekstase liegt einerseits in der Erwartung totaler Harmonie, Verschmelzung oder Hingabe und andererseits in der Erwartung eines totalen Größen- und Stärkegefühls. Auch der Wunsch nach Erfahrungen, die über das Alltagserleben hinausgehen, kann daran beteiligt sein. Wie wichtig sind mir solche kurzfristigen Erlebnisse im Vergleich zu den negativen Folgen? Kann ich das Gleichmaß der Realität als zu langweilig nicht ertragen? Hat sich hier im Vergleich zu früher etwas geändert?

Als Betroffener haben Sie die Furcht vor einem Verlust der Kontrolle über den Alkoholkonsum selbst erlebt. Eine ähnliche Angst kann sich auch in völlig anderen Situationen einstellen, etwa im sexuellen Bereich als Hemmung, sich gehen zu lassen. Einen Zugang zu solchen Ängsten finden Sie mit Hilfe der Überlegung: Was könnte passieren, wenn ich in dieser oder jener Situation die Kontrolle verliere, wie schlimm ist dies für mich und wie wahrscheinlich schätze ich dies ein? Die Selbstkontrolle verlieren können Sie sowohl in einer unangenehmen angstbesetzten Situation, aber auch in einem positiv aufgewühlten Zustand der Lust und der Freude. Für die Ablehnung oder Annahme solcher Zustände sollte letztlich entscheidend sein, ob dadurch unerwünschte, schädliche Folgen für Sie selbst oder für andere auftreten und Ihren Gewinn überwiegen.

Wenn solche intensiven Wünsche und Phantasien nach außergewöhnlichen Zuständen und Erfahrungen zum ersten Mal oder immer wieder auftreten, sollten Sie diese zunächst registrieren und für sich sammeln. Sie sollten aber auch nach gegenteiligen Wünschen suchen, z. B. solche nach Sicherheit und Geborgenheit. Erst wenn Ihnen beide Seiten bewusst sind, können Sie eine bewusste, für Sie zufrieden stellende Entscheidung über die Gewichtung von Sicherheit und Risiko in Ihrem Verhalten treffen.

Äußere Autonomie

Sie haben vielleicht mit dem Arbeitsamt Kontakt aufgenommen, Bewerbungen abgeschickt oder Vorstellungsgespräche geführt. Sie haben erfahren, dass Sie mit Behörden und Ämtern jetzt besser zurecht kommen. Falls Ihre Situation es erforderlich macht, können Sie sich vollständig selbst versorgen. Im Verlauf der Therapie haben Sie neue oder frühere Interessen aufnehmen und verstärken können. Und Sie fühlen sich körperlich wieder fit. All diese Beispiele sind Hinweise für eine größere äußere Autonomie.

Die nachfolgenden Fragen weisen auf einige zentrale Aspekte der äußeren Autonomie hin.

> Habe ich jetzt wieder Interesse für die verschiedensten Dinge, die über das Suchtproblem und mein elementares Wohlbefinden hinausgehen?

Die Alkoholzeit führte in der Regel zu einer erheblichen Einengung Ihrer Interessen. Diese sind während der Therapie wieder neu geweckt und verstärkt worden. Ihre Neugierde auf alles Mögliche ist vermutlich wieder erwacht. Sie möchten dieses und jenes unternehmen, machen Pläne, möchten auf Reisen gehen und vieles andere mehr. Das ist eine positive Entwicklung, die es zu erhalten gilt.

> Habe ich im Verlauf der Therapie die Erfahrung gemacht, dass ich in der Regel auch das erreichen kann, was ich mir vorgenommen habe?

Die Erfahrung, etwas bewirken zu können und Einfluss zu haben, ist grundlegend für die eigene Unabhängigkeit. Wenn Sie das nicht oder Ihrer Meinung nach nicht ausreichend erlebt haben, sollten Sie einmal darüber nachdenken, warum Sie selten oder nie das erreichen, was Sie sich vorgenommen haben.

> Habe ich gelernt, mich zu entscheiden und diese Entscheidung dann auch zu verwirklichen und durchzuhalten?

Sich zu entscheiden bedeutet meist, auf einen anderen möglichen Weg zu verzichten, der vielleicht auch erfolgreich wäre. Noch problematischer wird eine Entscheidung, wenn idealistische Vorstellungen im Spiel sind, an denen gemessen jede Realität als unzulänglich erlebt wird. Häufig ist eine Entscheidung nur möglich, wenn Abstriche und Zugeständnisse gemacht werden (gegenüber jemand anderem oder bezüglich der eigenen Ansprüche). Mit einem solchen Kompromiss zufrieden zu sein, zu ihm zu stehen und nach innen und außen zu vertreten, ist dann eine schwere Aufgabe. Das Durchhaltevermögen bei der Verwirklichung einer Entscheidung ist meist Voraussetzung eines Erfolgs. Viele Betroffene zeigen in ihrer „nassen“ Zeit große Defizite. Durchhalten erfordert Hoffnung auf Erfolg und Selbstvertrauen trotz auftauchender Hindernisse und Schwierigkeiten.

> Macht es mir wieder Spaß, mit meinen Händen etwas Konkretes, Sichtbares zu gestalten oder geistig etwas verstehen zu können?

Gemeint ist die Freude und Befriedigung, einen Baum zu pflanzen, ein Bild zu malen oder ein Regal zu bauen. Der spielerische oder gezielte Umgang mit einem technischen Apparat, wie z.B. einem Computer, kann ebenfalls große Befriedigung verschaffen und das Gefühl stärken, etwas zu bewirken und zu beherrschen.

> Habe ich die Fähigkeit, auf andere Menschen positiv Einfluss zu nehmen?

Andere zu überzeugen, sei es in der Familie oder an der Arbeitsstelle, ist ebenfalls ein wichtiger Erfahrungsbereich äußerer Autonomie. Traue ich mir jetzt eher zu, meinen Standpunkt gegenüber anderen, etwa meinem Partner, meinen Kindern oder meinen Arbeitskollegen gegenüber zu vertreten und sie von meiner Auffassung zu überzeugen?

Bindungen

Der zweite Bereich einer Bilanz über Veränderungen der eigenen Persönlichkeit betrifft Ihre Beziehungen zu anderen Menschen und den damit verbundenen Werthaltungen. Zentral ist die Frage: Was hat sich in meinen Beziehungen zur Familie und zu meinen Freunden und Bekannten verändert?

> Kann ich meinen Lebenspartner(in) jetzt besser verstehen als früher?

Während Ihrer „nassen" Zeit hat Sie Ihr Partner vielleicht tief verletzt. Er hat Sie in verschiedenster Weise unter Druck gesetzt, hat mit Ihnen gestritten, sich von Ihnen zurückgezogen, ist unter Umständen ein anderes Verhältnis eingegangen oder hat sich von Ihnen total getrennt. All das hat Sie natürlich schwer getroffen und gekränkt. Sie haben damals das Verhalten Ihres Partners nicht verstehen oder akzeptieren können. Sie haben vielleicht Ihrerseits mit Streit, Rückfällen und Rückzug reagiert. Auch wenn Sie jetzt trocken sind, kann eine schwere Verbitterung geblieben sein. Diese hemmt aber sowohl Ihre eigene Entwicklung als auch die eventuell noch bestehende Beziehung.

Sie werden wahrscheinlich schon versucht haben, den Partner besser zu verstehen und dies ist Ihnen vielleicht ganz oder teilweise gelungen. Sie haben sicher daran gedacht, dass seine/ihre Erfahrungen mit den Problemen in Ihrer „nassen“ Zeit vermutlich nicht einfach waren. Unter Umständen können Sie aber trotzdem nicht verzeihen, weil das, was er oder sie Ihnen angetan hat, durch nichts gerechtfertigt werden kann.

Vergangenheit ist,
wenn es nicht mehr weh tut.
Mark Twain

Folgende Fragen weisen darauf hin, ob Sie eine tiefe Enttäuschung in der Partnerschaft noch nicht ausreichend bewältigt haben:

- Kommen Ihnen immer wieder Erinnerungen an den Partner mit Phasen der Traurigkeit oder Apathie?
- Wünschen Sie sich manchmal, dass er oder sie dafür bestraft wird und er oder sie dafür einmal wird büßen müssen?
- Denken Sie immer wieder daran, es ihm oder ihr einmal heimzuzahlen und sich in irgendeiner Form zu rächen?
- Erwarten Sie, dass sich Ihr Partner noch einmal an Sie wenden wird und sich aufrichtig entschuldigt für das, was er oder sie Ihnen angetan hat?
- Erwarten Sie, dass Ihr Partner nach einiger Zeit merkt, was er an Ihnen verloren hat und vielleicht wieder zurückkommen wird?

Wenn Sie eine oder mehrere dieser Fragen mit einem klaren Ja beantworten, bedeutet das wahrscheinlich, dass Sie noch dabei sind, die Enttäuschung dieser Beziehung festzuhalten und noch nicht genügend loslassen können. Hilfreich können dabei folgende Gedanken und Einstellungen sein:

- Wenn ich eine Phase der Traurigkeit und der Wehmut des Abschieds zugelassen habe, kann ich dadurch etwas mehr Abstand gewinnen.
- Auch wenn ich letztlich enttäuscht bin und nicht das erreicht habe, was ich wollte, habe ich dennoch ein paar schöne und wichtige Erfahrungen mit meinem Partner gemacht. Diese Zeit kann mir keiner wegnehmen.

- Die Dauerhaftigkeit und Schwere der Enttäuschung ist zu einem erheblichen Teil von meinen ursprünglichen Erwartungen und meinem späteren daran Festhalten abhängig.
- Den Schmerz und die Bitterkeit meiner Erfahrungen kann ich nicht einfach abschalten, aber ich muss sie auch nicht pflegen und durch Erinnerungen und Phantasien festhalten. Ich kann sie loslassen und mich anderen Erfahrungen öffnen.
- Ich werde an frühere Trennungen erinnert. Wie habe ich diese früher verarbeitet? Kann ich Erfahrungen von damals auch heute wieder verwenden?

Verzeihen bedeutet, dass Sie Ihren Groll und Ihre Wut reduzieren und schließlich ganz aufgeben, da es sonst leicht zu Verbitterung und lähmendem Selbstmitleid kommen kann. Es erfordert, das Geschehene und die Folgen als neue herausfordernde Lebenssituation zu akzeptieren.

Zum Beispiel kann es sein, dass Sie beide erheblich unterschiedliche Erwartungen und Vorstellungen von Partnerschaft, Familie, Lebensstil und Interessen hatten oder haben. Sie haben vielleicht gedacht, man könne sich doch mit der Zeit aufeinander einstellen, Ihr Partner dachte vielleicht, wir finden schon eine ausreichende gemeinsame Grundlage. Und dennoch hat es einfach nicht gepasst, die Unterschiede sind zu groß gewesen.

Vielleicht sagen Sie sich auch, der Partner hätte Sie nicht so demütigen oder nicht so plötzlich verlassen dürfen, das sei einfach nicht gerechtfertigt bei all den guten Zeiten, die Sie miteinander verbracht haben.

- Daran zu denken tut weh und zunächst sieht man keine ausreichenden Gründe für solch ein Ereignis. Festhalten bedeutet hier weiter nach einer Erklärung zu suchen.
- Loslassen heißt, Ansprüche auf Liebe und Zuneigung des Partner aufgeben. Liebe und Zuneigung kann ich mir wünschen, kann ich pflegen, aber nicht einklagen.
- Manche geben sich selbst die Schuld und denken, sie haben sich falsch verhalten. Das mag aus heutiger Sicht zum Teil sogar richtig sein. Aber Sie werden damals Ihre Gründe gehabt haben, sich so und nicht anders verhalten zu haben. Oder Sie konnten sich in der damaligen inneren und äußeren Verfassung und Situation gar nicht anders verhalten.

- Am hilfreichsten ist es, nach Zulassen dieser verschiedenen Gründe zu dem Schluss zu kommen: Es hat unter diesen Bedingungen und zu dieser Zeit nicht gepasst. Wahrscheinlich sind die gegenseitigen Erwartungen so gegensätzlich und die Unterschiede in den Fähigkeiten, dem anderen Zuwendung, Unterstützung und Liebe zu geben, so groß, dass es auch zu einem anderen, besseren Zeitpunkt nicht zusammenpassen würde.

Möglicherweise waren es auch nur kleine Differenzen in der Partnerschaft, die zu spontanen Reaktionen mit dem bitteren Ende der Trennung geführt haben. Wenn das so war, gilt es zwar auch die gegenwärtige Lage anzunehmen, dennoch kann sich in wenigen Fällen auch ein Wiederbeleben der Beziehung ergeben, wenn beide sich ein wenig weiter entwickelt haben und mehr Distanz zu den früheren Konflikten und Problemen bekommen haben.

Verzeihen ist sicher schwer, aber es ist auf längere Sicht die beste Möglichkeit, mit Groll und Verbitterung fertig zu werden. Verzeihen bedeutet nicht vergessen, sondern ein Loslassen von enttäuschten Erwartungen an sich selbst und den Partner. Damit wird der Weg frei für einen neuen Anfang.

In einer weiter bestehenden Partnerschaft ist Verzeihen oft ein sehr wichtiger erster Schritt, um die Verbitterung und Vorwürfe zu überwinden. Ein zweiter Schritt besteht darin, um die Beziehung zu kämpfen, den Partner in seinen Aktivitäten zu unterstützen und seinen Wünschen entgegen zu kommen.

Wenig Grund dem Partner zu verzeihen haben Sie, wenn Sie sich vorstellen, Ihr Partner würde dann sein Fehlverhalten vielleicht gar nicht mehr einsehen und das Gleiche könnte sich wieder ereignen. Ein weiterer Hemmschuh kann sein: Sie glauben, dass Sie damit indirekt sagen, Sie seien selbst Schuld an allem und er oder sie könnten dann ungeschoren davonkommen.

Vielleicht können Sie Ihrem Partner zubilligen, dass er auch unter großem Druck gehandelt hat, dass er unter der Situation ebenfalls leidet und es ihm leid tut. Sie wissen, dass das Geschehene nicht mehr rückgängig zu machen ist. Ob es aber weiter Einfluss auf Ihr Leben hat oder es sogar völlig bestimmt, das liegt in Ihrer Hand.

Allerdings kann ein zu schnelles Verzeihen unter Umständen auch dazu führen, dass ein negativer Kreislauf von vorne beginnt. Vielleicht haben Sie früher schon öfters jemandem etwas verziehen und das negative Verhalten Ihres Partners hat sich wiederholt. Wenn dies der Fall ist, sollten Sie auf der Hut sein und sich mit jemandem besprechen, dem Sie vertrauen und der auf Ihrer Seite steht. Vielleicht haben Sie in diesem Fall zu sehr Angst vor Disharmonie, Trennung und Alleinsein (s. auch Abschnitt Partnerkrise, Seite 74). Ein Sprichwort sagt: Lieber ein Schrecken mit Ende, als ein Schrecken ohne Ende.

Meine Herkunftfamilie (Eltern, Geschwister)

Die Beziehung zu den Eltern ist häufig mehr oder weniger in der Zeit vor der Therapie belastet. Manchmal waren die Eltern und Geschwister stützend und fürsorglich, manchmal waren sie fordernd und abwertend. Wie stehe ich jetzt zu ihnen?

- Ich fühle mich von meiner Familie ausgeschlossen, bin das schwarze Schaf, bin vielleicht schon abgeschrieben.
- Ich möchte möglichst wenig mit ihnen zu tun haben.
- Ich tue meine Pflicht, aber nicht mehr.
- Eigentlich mache ich sie verantwortlich für mein ganzes Dilemma und für meine Probleme.
- Ich erwarte, dass sie Einiges wieder gut machen werden.
- Ich brauche ihre materielle Unterstützung.
- Ich muss nicht die Erwartungen meiner Eltern erfüllen, vor allem nicht das, was sie idealerweise sich von mir vorgestellt haben.
- Meine Eltern sind mir eher hinderlich als nützlich.
- Ich hoffe, dass meine Eltern mir Einiges an Aufgaben abnehmen können.
- Ich habe das dunkle Gefühl, dass ich nicht meinen eigenen Weg gehen darf und meine Eltern für mich eine bestimmte Rolle vorgesehen haben.
- Meine Geschwister haben ihre eigenen Familien und sind damit voll beschäftigt.

Was immer davon auf Sie zutrifft, fragen Sie sich, was Sie selbst wollen. Sie müssen nicht die Erwartungen Ihrer Eltern erfüllen, wenn diese nicht mit Ihren eigenen Vorstellungen übereinstimmen. Sie müssen aber auch nicht eine totale Gegenposition einnehmen, um sich von ihnen abzugrenzen und zu befreien.

Traumatische Erfahrungen

Tief einschneidende Ereignisse wie eine Trennung, sexueller Missbrauch, ein schwerer Unfall oder eine schwere Krankheit, oder auch lang andauernde intensive Belastungen können zu einem Trauma werden, das unter Umständen zu nachhaltigen Beeinträchtigungen des Wohlbefindens und der Leistungsfähigkeit führt.

Ein Trauma ist durch ein negatives äußeres Ereignis definiert, das akut und längerfristig zu einer psychischen und körperlichen Schockreaktion (Wiederauftauchen der traumatischen Reaktion, wie Zittern, Ängste, Erinnerung, Unsicherheit, Hilflosigkeit) führt. Dies kann längerfristig anhalten oder immer wieder aufleben und dadurch zu Beeinträchtigungen des normalen Lebens führen (posttraumatische Belastungsreaktion, siehe auch Seite 74). Wenn dies der Fall ist, sollten Sie sich professionelle Hilfe suchen. Einen Einstieg in das Thema sowie Hinweise für weitere Hilfen gibt Gottfried Fischer (2008) in seinem Buch „Neue Wege aus dem Trauma".

Meine anderen sozialen Beziehungen

> Zu welchen Personen spüre ich jetzt mehr Nähe, zu welchen mehr Distanz? Habe ich generell in Beziehungen mehr Angst vor Nähe oder neige ich mehr zu engen, anklammernden Beziehungen, im Extrem zu symbiotischen Beziehungen?

Beide Extremhaltungen machen es schwer, Beziehungen zu anderen zu entwickeln oder auf Dauer aufrecht zu erhalten. Anklammernde, symbiotische Beziehungen können den Partner schnell einengen und überlasten. Andererseits wirkt die Vermeidung von Nähe trennend und abweisend, weil sie kein Interesse am anderen erkennen lässt.

Eine Vorbedingung für eine Änderung ist das Verständnis dafür, weshalb ich Nähe meide. Das kann mit der Angst zu tun haben, mich dem anderen so zu zeigen, wie ich bin, weil ihn meine Impulsivität kränken und zurückstoßen könnte oder weil ich glaube, dass mich keiner so mögen kann, wie ich eben bin.

Die Frage zur anderen Extremhaltung lautet: Weshalb gehe ich ganz enge, abhängige Beziehungen ein. Das kann mit der Angst vor der eigenen Verantwortung und Freiheit in Zusammenhang stehen oder mit der Angst, den anderen zu verlieren und dann allein zu sein.

Noch wichtiger als solche Einsichten erscheint aber die Bereitschaft und die Entschlossenheit, sich diesen Ängsten zu stellen, das bedeutet, sich den Situationen auszusetzen, in denen die Angst entstehen kann, um sie schließlich zu bewältigen (siehe Seite 52/53).

Wenn ich gegenüber meiner eigenen Familie oder engen Freunden große Verschiedenheit spüre, weil meine Vorstellungen zu leben nicht mit den ihren übereinstimmen und ich mich nicht akzeptiert fühle, brauche ich einen größeren Abstand. Das kann in der Weise zum Ausdruck kommen, dass ich alles kritisiere, was mit Familie oder Freunden zu tun hat. Wenn mir ein solcher Konflikt bewusst wird, dann kann ich diese Verschiedenheit leichter ertragen.

Der Wunsch nach mehr Nähe zu Familie oder Freunden bedeutet, dass ich mit ihnen stärker übereinstimmen möchte, dass ich bei ihnen Unterstützung und Wärme suche. Oft sind beide Tendenzen gleichzeitig vorhanden und führen zu Konflikten und Problemen. Sich diese gegensätzlichen Haltungen bewusst zu machen, ist ein grundlegender Schritt zu deren Lösung und Bewältigung.

Neige ich dazu, in Beziehungen zu anderen mehr eine Helferrolle zu übernehmen oder lasse ich mich lieber vom anderen umsorgen und leiten?

Bei den nachfolgenden Beispielen soll deutlich werden, wo Ihr Schwerpunkt liegt und in welcher Rolle Sie sich wohler fühlen. Sie sollten beide Seiten von sich kennen und in Beziehungen mit anderen leben können.

Wenn Sie stark zum Engagement für andere neigen, kann sich im Extrem ein Helfersyndrom entwickeln. Das bedeutet, dass Sie sich darauf fixiert haben, ständig für andere da zu sein und zu helfen, wo Sie nur können. Das kann in einer zurückhaltenden, im Dienst des Anderen stehenden Weise geschehen oder in einer mehr den anderen beherrschenden und kontrollierenden Weise. Beides wird Ihnen Anerkennung und Bestätigung bringen, aber auch Enttäuschungen, wenn Ihre Hilfe vergebens war. Die problematische Seite eines Helfersyndroms besteht darin, dass Sie Ihre eigenen Wünsche und Bedürfnisse nach Zuwendung und Unterstützung verdrängen oder andere für Sie wichtige Beziehungen, z. B. in der Familie, vernachlässigen. Besonders problematisch ist eine dominante, auf den anderen zugehende Helferhaltung, weil diese leicht abgelehnt werden kann. Auch die gegenteilige Extremposition ist auf Dauer schwierig. Wenn Sie sich total umsorgen und verwöhnen lassen und gleichzeitig dominant fordernd Ihre Wünsche anmelden, verhalten Sie sich wie ein Pascha oder wie eine Prinzessin, die entsprechende Ansprüche an ihre Umgebung stellen. Oder Sie sind häufig in der Rolle eines Schwachen und Hilfebedürftigen, der glaubt, ohne den Partner nicht existieren zu können und deshalb ständig klammert, nach Zuwendung und Hilfe sucht und sich dabei gehen lässt. In dieser Rolle fehlen Ihnen vor allem die Freude am eigenen selbstständigen Handeln und das Selbstvertrauen in Ihre eigenen Energien und Fähigkeiten.

> Habe ich für meine Bedürfnisse genügend Freunde und Bekannte?
> Bin ich bereit und fähig, neue Beziehungen einzugehen?

Jeder braucht Beziehungen, das ist eine Binsenweisheit. Es kommt aber nicht darauf an, eine Vielzahl von Leuten zu kennen, sondern Freunde zu haben, auf die Sie sich verlassen können.

Wenn Sie im Extrem alle Erwartungen auf eine Person richten, dann wird sich diese früher oder später überfordert fühlen, und zwischen ihnen entwickeln sich Spannungen und Konflikte. Es kommt also darauf an, Ihre Erwartungen auf verschiedene Personen zu verteilen. Für Ihre eigene Entwicklung kann es auch wichtig sein, sich aus einer nicht mehr lebensfähigen Beziehung zurückziehen zu können. Dabei entsteht ein Konflikt vor allem dann, wenn der eine die Beziehung lösen will und der andere daran festhält.

Die Fähigkeit und Bereitschaft zu akzeptieren, dass der andere nicht mehr will, auch wenn man das selbst nicht verstehen kann, ist entscheidend für die Bewältigung von Trennungssituationen z. B. beim Verlassenwerden durch den Partner (siehe Abschnitt Partnerkrise, Seite 74–76).

> Hinsichtlich der Beziehungen zu anderen Menschen erscheint es generell hilfreich, sich sagen zu können:
>
> - Ich muss nicht von jedem gemocht werden.
> - Ich muss nicht jeden sympathisch finden.
> - Es gibt Leute, die ich mag und die mich mögen.
>
> Können Sie diesen Fragen mit Überzeugung zustimmen?

> Habe ich jetzt im Allgemeinen mehr oder weniger Hemmungen anderen gegenüber?

Für den einen ist es wichtiger, sensibler zu werden für die Reaktionen des jeweiligen Partners und dabei mehr mit Angst, Scham und Vorsicht zu reagieren. Für den anderen kommt es darauf an, übertriebene Angst und Scham hinsichtlich unterschiedlicher Standpunkte und Kontroversen abzubauen, um dadurch freier und weniger gehemmt zu werden. Was trifft für Sie eher zu? – In welchen Situationen und gegenüber welchen Personen hat sich etwas geändert?

Grundlegend für die Entwicklung und Aufrechterhaltung von Beziehungen sind unsere Wertvorstellungen. Deshalb hierzu die Frage:

> Haben sich meine Ziele und Wertvorstellungen hinsichtlich Gewaltanwendung, Sexualität, Partnerschaft, Arbeit und Freizeit geändert? Neige ich dazu, meine Wert- und Normvorstellungen je nach Situation flexibel anzuwenden oder versuche ich, sie strikt und unter allen Umständen durchzuhalten?

Unter Alkoholeinfluss sind Sie vielleicht früher aggressiv und gewalttätig geworden, weil Alkohol die Kontrollfähigkeit generell herabsetzt. Möglicherweise spüren Sie jetzt stärker Ihren Zorn und Ihren Ärger auch ohne Alkohol. Aggression entsteht durch das Erleben einer Einengung und Behinderung oder durch eine Kränkung (siehe auch S. 129). Soziale Regeln bedeuten Einengungen, die ich akzeptieren kann oder gegen die ich mich auflehne, weil ich glaube, sie machen mich klein und abhängig. Soziale Anpassung erfordert das Einhalten zahlreicher sozialer Regeln. Bin ich dazu bereit? Wenn nein, brauche ich dann die Ablehnung sozialer Regeln, um mein Selbstbild von Unabhängigkeit und Überlegenheit aufrechtzuerhalten? Was nehme ich dafür alles in Kauf?

Es kann sich auch der Zustand entwickelt haben, dass Sie keinen Zugang mehr zu Ihrer aggressiven Seite haben, nachdem Sie jetzt trocken geworden sind. Sie brauchen diese Sensibilität aber, um Ihre Absichten und Ziele angemessen durchsetzen zu können oder um gefährliche Anteile der Aggression schneller unter Kontrolle zu bringen. Wenn Sie sich die Frage stellen, weshalb lehne ich meine aggressive Seite ab, werden Ihnen sicherlich einige Gründe einfallen und Ihr Verhalten wird Ihnen selbst besser nachvollziehbar.

Die Bedeutung der Sexualität in Ihren Beziehungen kann sich im Verlauf der Therapie geändert haben. Vielleicht hatte Sexualität früher eine übergroße oder auch eine zu geringe Bedeutung? Versuchen Sie für sich zu beschreiben, was dabei anders geworden ist und inwieweit Sie damit zufrieden sind.

Auch in Ihrem Verhältnis zur Arbeit haben sich vielleicht Änderungen ergeben. Möglicherweise stellen Sie fest, dass Ihr Beruf einen zu großen Raum eingenommen und eine Ausgewogenheit zwischen Arbeit, Freizeit und Familie gefehlt hat. Von Arbeit und Erfolg kann man auch in problematischer Weise abhängig sein, z. B. wenn Sie nur über Arbeit Anerkennung und Zuwendung bekommen. Diese Form der Abhängigkeit (die im Englischen als „workaholic“ bezeichnet wird) ist aber nicht mit der Abhängigkeit von einem Suchtmittel wie Alkohol gleichzusetzen, auch wenn es einige Ähnlichkeiten dazu gibt (Einengung der Interessen, Vernachlässigung anderer Lebensbereiche) (s. www.arbeitssucht.de).

Ihre Anpassung an die Gesellschaft im Berufsleben und in Ihrer Freizeit wird durch **Ihre** Wertvorstellungen und Normen bestimmt. Will ich mich aber überhaupt anpassen? – Habe ich Angst, mich dadurch aufzugeben?

Extreme Standpunkte und abweichende Meinungen als Querdenker, Kritisierer oder Nörgler signalisieren zunächst Selbstbewusstsein und eigenes Denken. Sie sind im Kern oft berechtigt, aber meist einseitig und überzeichnet, und sie führen leicht zu ständigen Problemen und Konflikten, die auf Dauer schwer zu ertragen und durchzuhalten sind. Haben sich hier für Sie im Vergleich zu früher Änderungen ergeben?

> Suche ich nach Bindung und Halt im Religiösen oder im Esoterischen (z. B. Mystik, Astrologie)?

Zum psychologischen Verständnis sind die verschiedenen Motive für Religion bedeutsam (etwa Sicherheitswünsche oder das Bedürfnis nach einem Sinn im Leben). Hinweise und Anregungen zu diesem Bereich sind in Kapitel 7 (Religion und Sucht) dargestellt und werden deshalb hier nicht weiter erörtert.

> Machen Sie sich zum Abschluss der Bilanz über persönliche Änderungen die Mühe eines zusammenfassenden Überblicks. Dazu nochmals die nachfolgenden Stichpunkte:
>
> – Grundstimmung
>
> ....
>
> – Selbstbewusstsein, Selbstvertrauen
>
> ....
>
> – Selbstkontrolle on Gefühlen und Gedanken
>
> ....
>
> – Interessen, Ziele
>
> ....
>
> – Selbstbehauptung, sich durchsetzen (Familie, Beruf u. a.)
>
> ....
>
> – Bindung an Partner, Familie (Nähe – Distanz, Unterlegenheit – Dominanz, Sicherheit, Geborgenheit)
>
> ....
>
> – Kontakte zu Freunden, Bekannten (Offenheit, Verlässlichkeit, Sicherheit).
>
> ....
>
> – Einstellungen zu Gewalt, Sexualität, Beruf – Freizeit
>
> ....

> Entscheidend für Ihre Gesamtzufriedenheit ist ein Gleichgewicht zwischen Ihren Wünschen und Bedürfnissen nach Beziehungen, nach Sicherheit und Geborgenheit einerseits und denen nach Unabhängigkeit und Freiheit andererseits . Beide Bereiche sollten bejaht sein und in die eigene Persönlichkeit integriert sein. Das jeweilige Gleichgewicht ist ein ganz individuelles, das unter Umständen immer wieder neu gefunden werden muss.

1.3 Was wird auf mich zukommen?

Wenn Sie am Ende einer stationären Behandlung stehen, werden Sie sich fragen, was Sie zu Hause erwartet:

Freue ich mich darauf, wieder zu Hause zu sein in der gewohnten Umgebung oder macht es mir Angst, aus der geschützten Atmosphäre der Klinik oder Beratungsstelle wieder herauszukommen in die Familie, in den grauen Alltag, ohne Schutz und Rückhalt der Therapie?

Die meisten kennen beides, sowohl Freude über die Entlassung als auch Befürchtungen vor der neuen Situation in der alten Umgebung.

Wie werde ich von meinem Partner oder meiner Familie aufgenommen und akzeptiert?

Was werden die Freunde sagen, wie werden sie reagieren, wenn sie merken, dass ich keinen Alkohol mehr trinke? Wie wird es sein, wieder an meinem alten Arbeitsplatz zu stehen? Werde ich damit zurechtkommen oder werden die alten Probleme und Konflikte wieder auftauchen?

Aber denken Sie auch daran, dass Ihr Partner oder Ihre Kinder Angst davor haben können, wenn Sie wieder nach Hause kommen. Sie wissen nicht, wer da zurückkommt, was sich geändert hat und was nicht. All das macht unsicher und kann zu versteckten Spannungen beitragen.

Änderung der Rollen in der Familie

Wir wissen, dass sich in der „nassen" Zeit in den meisten Fällen eine ganz bestimmte Rollenverteilung innerhalb der Partnerschaft oder der Familie entwickelt hat.

- Der Partner: Er hat sich oft um alles gekümmert, er hat die Rolle des Helfers und Retters in allen möglichen Schwierigkeiten übernommen. Er ist gebraucht worden für verschiedenste Situationen. Ist er nun überflüssig geworden, weil es dem Betroffenen wieder gut geht und der nun plötzlich andere Vorlieben entdeckt?
- Der Betroffene: Er ist früher in alle möglichen Probleme und Konflikte hineingeraten und oft als „Opfer" ohnmächtig stecken geblieben. Er hat sich meist helfen lassen, er fand es wie selbstverständlich, dass er vor den negativen Folgen in Schutz genommen wurde. Das hatte zur Folge, dass die Alkoholprobleme und ihre Auswirkungen nach außen verdeckt und verschleiert worden sind.

In der Zeit danach kommt es zu einer Änderung dieser Rollenverteilung: Der Betroffene ist nicht mehr der Hilflose, dem man beistehen muss, er ist aber auch nicht mehr der Sündenbock, den man früher für alle Probleme und Konflikte verantwortlich machen konnte. Er ist nun gleicher Partner, mit Stärken und Schwächen, er kann unterschiedliche Rollen übernehmen, er stellt Forderungen und hat Ansprüche, er kann aber auch etwas von sich hergeben und für andere da sein. Auf diese neue Situation muss sich die Familie oder der Partner erst einmal einstellen, das braucht Zeit und auch Geduld.

> Es gibt drei Grundrollen, auf die Sie die meisten Rollen zurückführen können:
>
> 1.) Der Retter (auch als Helfer bezeichnet)
> 2.) Das Opfer: der Hilfebedürftige, Fragende und Bittende
> 3.) Der Verfolger: der etwas ändern möchte, Ansprüche hat und Forderungen an den anderen stellt.

Die Rollen sind nicht starr zu verstehen: Aus einem Retter kann sehr leicht ein Opfer werden, wenn das ursprüngliche „Opfer" die Hilfe nicht annimmt und der Retter durch die Enttäuschung der abgelehnten Hilfe schwer betroffen ist. Das Opfer kann leicht zu einem Verfolger werden, wenn es mit dem Rücken an der Wand steht und die Flucht nach vorne antritt.

Eine Übung dazu:

Es geht darum, eigene Stärken und Schwächen in diesen drei Grundrollen kennenzulernen. Denken Sie dabei an Erfahrungen und Erlebnisse in Ihren Beziehungen zu anderen:

Stellen Sie sich vor, sie möchten ein „Retter" oder Helfer sein: Welche Vorstellung, welches Bild kommt Ihnen dabei?

Stellen Sie sich vor, Sie sind „Opfer": Vielleicht fällt Ihnen eine eigene Erfahrung oder ein Erlebnis dazu ein?

Stellen Sie sich vor, Sie sind „Verfolger": Wie sehen Sie sich dabei? Wie erleben Sie sich (Spüren Sie dabei mehr Stärke und Kraft oder fühlen Sie mehr ohnmächtige Wut)?

Sie kennen wahrscheinlich alle drei Grundhaltungen aus eigenem Erleben. Sie sollten sich fragen: Mit welcher dieser Rollen kann ich am schlechtesten umgehen? In welcher Rolle fühle ich mich am wohlsten? Entscheidend ist die Flexibilität und Bereitschaft, alle drei Rollen annehmen und wechseln zu können, je nach Situation und Erfordernis.

Partnerschaft

Neben der Arbeit ist für viele die Partnerbeziehung der zentrale Lebensbereich. In der Regel ist es in der „nassen" Zeit zu erheblichen Konflikten mit dem Partner gekommen. Sicher ist er oder sie in irgendeiner Form in die Behandlung einbezogen worden. Aber wie ist die Situation jetzt?

Will mein Partner es noch einmal mit mir versuchen? Und umgekehrt: Bin ich bereit, mich wieder auf ihn einzulassen? Haben wir uns nichts mehr zu sagen? Reden wir aneinander vorbei? Ist mein Partner mit jemand anderem eine Beziehung eingegangen? Wünsche ich mir selbst eine neue Partnerbeziehung, bin ich bereit dazu? – Was gebe ich unter Umständen dafür auf?

In der „trockenen" Zeit sehen Sie Ihren Partner vielleicht mit anderen Augen: Sie sehen klarer seine positiven wie möglicherweise auch seine negativen Seiten. Auch der Partner kann Sie im konstant trockenen Zustand völlig anders sehen: Er kann jetzt besser Ihre Stärken erkennen, er kann mehr von Ihnen erwarten; vielleicht sieht er aber auch mehr Ihre für ihn unangenehmen Eigenschaften und Gewohnheiten. Er kann Sie nicht mehr mit dem Alkohol entschuldigen und daran glauben, dass alles anders wird, wenn nur das Alkoholproblem gelöst ist.

Alter Freundes- und Bekanntenkreis

Werden meine Freunde zu mir halten, auch jetzt, wenn ich keinen Alkohol mehr trinke? Oder brauche ich eigentlich einen ganz anderen Freundeskreis, damit ich weiterhin stabil bleiben kann? Vieles hängt davon ab, ob Ihre Freunde sich auf Ihr „trockenes“ Ich einstellen können und inwieweit Sie selbst Ihre Nüchternheit nicht als Trennung oder Graben zwischen sich und Ihren Freunden erleben. Wenn Sie dieses „Anderssein“ aushalten, wird Ihre Abstinenz bald keine Rolle mehr spielen und als selbstverständlich akzeptiert werden.

Situation des Alleinseins

Mancher wird allein sein, wenn er wieder nach Hause kommt. Meist war er das auch vorher schon, aber während der Therapie war er ständig mit anderen zusammen. Der Unterschied wird dann besonders deutlich, vielleicht auch schmerzhaft bewusst. Unter Umständen ist das Alleinsein aber auch erleichternd, weil der Druck durch die anderen wegfällt, weil Sie selbst bestimmen können, was Sie wann und wie tun, weil Sie mehr Freiheit haben. Versuchen Sie diese Vorzüge des Alleinseins zu nutzen. Dabei kann eventuell die Befürchtung auftauchen: Wenn ich das Alleinsein allzu positiv sehe, dann könnte das bedeuten, dass ich immer allein bleiben werde und das möchte ich nicht. Also darf ich die Gelegenheit der Freiheit erst gar nicht ergreifen. Versuchen Sie trotzdem, die Vorteile des Alleinseins zu entdecken und zu nutzen. Das Bedürfnis nach Nähe in einer Partnerschaft wird deshalb nicht ausgelöscht, es wird nur relativiert und beschränkt, wenn es eine übergroße Bedeutung in Ihrem Leben einnimmt.

Trinksituationen

Werde ich Aufforderungen, Alkohol zu trinken, gut überstehen? Werden mich die Leute fragen, wie es war und was mir die Therapie gebracht hat?

Was soll ich darauf antworten? Solche Situationen werden hauptsächlich anfangs vorkommen, bis sich Ihre Bekannten und Freunde daran gewöhnt haben. Stellen Sie sich darauf ein. Es ist nicht so häufig, wie Sie befürchten.

Sollen andere von meiner Behandlung erfahren?

Wie werden mich die Leute betrachten, wenn sie wissen, dass ich alkoholabhängig bin und in einer Behandlung war? Werden sie auf mich herabschauen? All diese Gedanken werden Ihnen durch den Kopf gehen, wenn Sie an die Zeit nach der Behandlung denken.

Oft taucht die Frage auf: Wem soll ich davon erzählen, wem nicht? Manche neigen dazu, es allen zu sagen, sich ganz offen dazu zu bekennen, andere sind extrem vorsichtig, weil sie sich schämen oder schwerwiegende Nachteile befürchten. Prüfen Sie zunächst, ob Sie Ja sagen können zu Ihrer Rolle als Alkoholabhängiger, das heißt ob Sie sich innerlich dazu bekennen und ob Sie im Prinzip das auch anderen gegenüber tun können. Wenn Sie beides bejahen, dann können Sie überlegen, ob Sie gegenüber diesem oder jenem sich öffnen wollen und inwieweit diese Offenheit eine Chance und inwieweit es auch ein Risiko für eine Beziehung sein kann. Für die Beziehung zu einer nahe stehenden Person gibt es auf Dauer keine andere Möglichkeit, als sich voll anzuvertrauen. Gegenüber anderen Personen gilt es abzuwägen, inwieweit eine solche Offenheit für Sie günstig oder ungünstig ist.

Merke: nicht wer dich schmäht
und nicht wer dich schlägt, kränkt dich,
sondern nur deine Vorstellung,
als ob sie dich kränkten.
Wenn dich einer reizt,
bedenke, dass es deine Vorstellung ist,
die dich reizt.
Suche es deshalb vor allem dahin zu bringen,
dass deine Vorstellung dich nicht fortreißt.
Hast du erst Zeit zur Überlegung gewonnen,
so wirst du leichter Herr über dich selber bleiben.

Epiktet

Umgang mit Befürchtungen und Ängsten

Nicht jede Befürchtung und Angst bedarf einer Abklärung, um sie besser bewältigen zu können. Nur solche, die Sie deutlich in Ihrem Verhalten einengen, stellen ein Problem dar, auf das näher eingegangen wird. Die Basis für eine echte Überwindung steckt in der folgenden Weisheit (siehe auch Abschnitt Negative Gefühle – Seite 129–132):

Nicht die Dinge selbst beunruhigen die Menschen, sondern die Vorstellung von den Dingen.

Epiktet

Vier Strategien gegen Angst:

- Ich frage mich, wie wahrscheinlich das eintreten wird, was ich befürchte. Oft ist die Wahrscheinlichkeit gar nicht so groß, so dass man sich sagen kann, es lohnt gar nicht, sich damit weiter zu beschäftigen.
- Inwieweit kann ich die Angst machende Situation beeinflussen, inwieweit kann ich das nicht? Entscheidend ist dabei: Was will ich in dieser Situation, welche Ziele möchte ich erreichen (abgesehen von der Angstbewältigung)? Die eigenen Ziele drängen dann die Angst beiseite.
- Wenn ich die schlimmste aller möglichen Folgen nicht völlig ausschließen kann, dann stelle ich sie mir vor und versuche, sie notfalls zu akzeptieren.
- Ich setze mich der unangenehmen, Angst auslösenden Situation aus und versuche, solange auszuhalten, bis meine Angst und Beklemmung nachlässt (nach dem Motto „rein und durch“).

Probieren Sie diese Möglichkeiten einmal bei sich aus, sammeln Sie Erfahrungen, welche Strategie für Sie besonders nützlich ist.

1.4 Welche Ziele und Aufgaben habe ich für die nächste Zeit?

Glücklich sein ist ein sehr globales Ziel – aber was ist das? Nach Schmid (2007) kann man unterscheiden zwischen

- einem Zufallsglück (der Treffer im Lotto),
- einem Wohlfühlglück (sich wohl fühlen, gesund sein, Lust empfinden, Erfolg haben u. ä. m.),
- einem Glück der Fülle (Sinnzusammenhänge und erfüllende Erfahrungen finden auf verschiedenen Ebenen) und schließlich
- dem schwer verständlichen Glück des Unglücklichseins (das Unglückliche des Lebens, die Widersprüchlichkeit des Lebens akzeptieren und in sein Leben integrieren).

Glück im Sinne der Fülle und des Wohlgefühls gilt es für einen selbst zu erschließen und zu erarbeiten. Dazu brauche ich Ziele, die konkreter sind als Glück und Zufriedenheit. Auf das Zufallsglück kann ich hoffen, aber keinesfalls darauf vertrauen.

Ein Ziel erscheint jedenfalls konkret und klar: keinen Alkohol mehr zu trinken. Das hat man uns oft genug gesagt – Wenn Sie sicher sind, dass Sie darüber hinaus keine konkreten Ziele brauchen oder ihre Verwirklichung für Sie problemlos ist, können Sie die nächsten Seiten überblättern und zu Kapitel 2 („Die Situation danach") übergehen. Wenn nicht, lassen Sie sich auf einige Details ein.

Manche tun sich leichter, wenn Sie sich fragen: Vor welchen Lebensaufgaben stehe ich?

Lebensaufgaben ergeben sich aus Ihrer jeweiligen Lebenssituation. Nachfolgend einige Beispiele:

- den finanziellen Lebensunterhalt sichern
- eine Arbeitsstelle oder eine berufliche Identität finden
- Freundschaften entwickeln und pflegen
- einen Lebenspartner suchen
- eine bestehende Partnerschaft stabilisieren und weiterentwickeln
- für die Familie sorgen
- einen passenden Lebensstil finden
- eigene Interessen und Talente fördern und stützen
- für die eigene Gesundheit sorgen

- sich innerlich von der Herkunftsfamilie lösen
- Abschied nehmen von einer beruflichen Karriere oder von der Rolle als Kinder versorgende Mutter oder Vater
- alltägliche Aufgaben und Pflichten bewusst bejahen
- mit einer chronischen Erkrankung oder Behinderung zurecht kommen.

Wenn Sie sich einige wenige Lebensaufgaben auswählen, haben Sie bereits eine globale Strukturierung für Ihr Handeln. Dabei überwiegt mehr das von außen Kommende, nicht so sehr die eigene Zielsetzung. Eine klare Entscheidung und Entschlossenheit für die Umsetzung sind in jedem Fall erforderlich und nützlich.

In Zusammenhang mit dem Grundkonflikt der Selbstbestimmung und der Fremdbestimmung des eigenen Lebens lassen sich drei Hauptwege unterscheiden:

1. Weg: Die aktive Anpassung an die gegenwärtige Situation

Das reicht von einem Akzeptieren der Abstinenz bis zur Anpassung an alte Rollen, Aufgaben und Regeln in Familie, Arbeit und Freizeit. Im Vordergrund steht ein bewusstes Bejahen der Realität mit ihren Chancen und Grenzen. Dabei können Ihre Bedürfnisse nach Anerkennung, nach Sicherheit und nach Klarheit im eigenen Leben wirksam sein oder auch die Motivation sich und anderen zu beweisen, dass man zur sozialen Einordnung bereit ist und dies auch durchhalten kann.

Nehmen Sie die Menschen so wie sie sind.
Es gibt keine Anderen
Konrad Adenauer

2. Weg: Der Kampf um Anerkennung und Durchsetzung

Will ich jetzt nochmals einen Versuch machen, mich durchzusetzen, mir Gehör zu verschaffen, Recht zu bekommen?

- Wenn es eine Wiederaufnahme eines alten Kampfes ist, seien Sie vorsichtig und misstrauisch sich selbst gegenüber.

- Ist der neue Kampf nur eine Wiederholung einer alten Auseinandersetzung?
- Habe ich etwas gelernt aus den alten vergeblichen Kämpfen?
- Mache ich nun wirklich etwas anders? Wenn ja, was?

Wenn Sie sich für diesen 2. Weg entscheiden, sollten Sie sich mit Mut und Entschlossenheit auf diesen Weg machen. Sie haben bessere Chancen als je zuvor. Nach einiger Zeit, wenn Sie einmal Rast machen, können Sie sich überlegen, wie weit Sie gekommen sind und ob Sie auf diesem Weg noch weiter gehen wollen.

Wenn Sie sich unsicher hinsichtlich des 1. und 2. Weges sind, schauen Sie sich den Weg 3 an. Vielleicht ist dieser für Sie aktuell hilfreicher.

3. Weg: Die Suche nach einer neuen Identität

Dieser Weg bedeutet, auf der Suche zu sein nach neuen Rollen und neuen Aufgaben bis hin zu einem völligen Neubeginn in Beruf, Partnerschaft oder Familie.

Manchen fällt es leicht, Neues auszuprobieren, neue Wege zu erkunden, manchen fällt dies schwer, aus welchen Gründen auch immer. – Wie ordnen Sie sich selbst ein?

Welche Wege kenne ich von früher her und welcher steht jetzt bei mir im Vordergrund? Wie habe ich das früher gemacht, wenn ich erfolgreich etwas Neues angepackt habe? – Orientieren Sie sich an Ihre früheren Erfolgen. Erlebe ich Anpassung und Einordnung als Vermeidung von Herausforderung und Risiko? Oder ist umgekehrt Anpassung und Einordnung meine eigentliche Aufgabe, vor der ich gerne weglaufe?

Gehen Sie nicht zu schnell über die Ihnen jeweils weniger vertrauten Wege hinweg. Jeder der drei Wege ist mit Chancen und Risiken verbunden. Sie zeigen Ihnen Ihre jeweiligen Fähigkeiten, aber auch Ihre Grenzen und Schwächen. Die Bereitschaft, die durch Familie, Arbeit und Staat gestellten Aufgaben und Pflichten zu erfüllen, ist eine Chance des ersten Weges. Auch die Ausrichtung auf Sicherheit und Bindung an Menschen und Gewohnheiten gehört hierzu. Deren Gefahren sind Überanpassung aus Schuldgefühlen und Wiedergutmachungstendenzen sowie Erstarrung und mangelnde Ansprechbarkeit für neue Möglichkeiten.

Die Chance des zweiten Weges besteht darin, erfolgreich etwas zu Ende zu bringen, wofür Sie schon lange gekämpft haben. Die Gefahr ist, in einen Wiederholungskreislauf hinein zu geraten, ohne wirkliche Veränderungen und dadurch erneut auch den Misserfolg zu wiederholen.

Die Chance des dritten Weges als Suche nach einer neuen Identität ist die Bereitschaft, neue Wege zu gehen, die eigenen Fähigkeiten auszuschöpfen und sich bietende Möglichkeiten zu ergreifen. Damit verbunden ist ein höheres Maß an Aktivität und Unabhängigkeit. Die Gefahr besteht darin, seine Grenzen nicht zu sehen oder nicht anzuerkennen, sich an nichts und niemanden zu binden, immer nur zu suchen und unterwegs zu sein. Sicherheit und Bindungen können auf diese Weise vernachlässigt werden.

Auch wenn phasenweise unterschiedliche Wege eingeschlagen werden können, sind Sie erfolgreicher, wenn Sie sich für eine gewisse Zeit für einen Weg entscheiden.

Gleichzeitig mit der Entscheidung für eine Entwicklungsrichtung stellt sich die Frage nach konkreten Zielen und Aufgaben.

Der eine hat zu viele oder zu anspruchsvolle gute Vorsätze, wenn er aus der Behandlung entlassen wird, der andere überhaupt keine. Beides ist problematisch. Im ersten Fall kommt es zu einer Überforderung, so dass letztlich Misserfolge und Enttäuschungen erlebt werden. Im zweiten Fall führt Passivität, Bequemlichkeit oder Nachlässigkeit dazu, dass alte problematische Gewohnheiten und der wohl vertraute Schlendrian wieder einkehren.

Denken Sie daran, dass sich Ihre Ziele und Aufgaben entweder auf Sie selbst, das heißt auf Ihr eigenes Verhalten beziehen können, auf Ihre äußere Situation oder auf andere Personen in Ihrem Umfeld. Wenn Sie Ihr eigenes Verhalten ändern wollen, haben Sie weit bessere Chancen, als wenn Sie das Verhalten anderer Leute beeinflussen wollen.

Zur Änderung des eigenen Verhaltens haben Sie hauptsächlich zwei Möglichkeiten:

1. Sie beeinflussen Ihre eigenen Gedanken und Vorstellungen
2. Sie ändern Ihr konkretes Verhalten, probieren es einfach aus, ob dies für Sie besser passt.

Gefühle können Sie am besten dadurch beeinflussen, dass Sie entweder die vorausgehenden Gedanken (z.B. Ihre Beurteilung einer Situation oder Ihrer Vorstellung davon) erweitern und anders bewerten oder Sie ändern Ihr konkretes Verhalten und Handeln. Entscheidend erscheint Ihre Bereitschaft und Ihr Mut, in einer Konfliktsituation das eine oder andere neue Verhalten auszuprobieren und am Erfolg oder Misserfolg zu lernen.

Welches Ziel habe ich für das nächste halbe Jahr (oder für einen anderen Zeitraum) in den folgenden Bereichen?

- Suchtmittel: Welches Verhalten oder welche Haltung gegenüber dem Suchtmittel möchte ich erreichen?
- Arbeit: Brauche ich mehr Anpassung oder mehr Durchsetzung bei Kollegen, Mitarbeitern und Vorgesetzten? Soll ich mehr auf Leistung achten oder ist es für mich wichtiger, meine Arbeit einzuschränken?
- Partnerschaft/Familie: Welche Rolle will ich innerhalb der Familie einnehmen? Will ich mehr Zeit für meine Familie? Ist Anpassung wichtiger für mich als die Durchsetzung eigener Vorstellungen und Interessen?
- Möchte ich für den Lebenspartner oder andere Menschen mehr tun und mich dafür intensiver einsetzen?
- Freizeit: Will ich mehr Zeit haben für meine Interessen und Hobbies?
- Freunde/Bekannte: Will ich meine Beziehungen hinsichtlich Offenheit oder Kontakthäufigkeit ändern? Suche ich neue Freunde oder Bekannte?
- Sonstiges:

Ziele allein bleiben utopisch, wenn Sie keine Vorstellungen über Schritte zu ihrer Verwirklichung entwickeln können. Sie sollten daher überprüfen, ob Sie sich plastisch vorstellen können, wie der Weg zu diesem Ziel in Form eines Bildes oder einer Phantasie aussieht. Bilder sind oft einprägsamer und wirkungsvoller als Worte. Wenn Sie sich Ziele gesetzt haben, sollten Sie sich regelmäßig die Zeit nehmen (z.B. einmal pro Monat), um zu überprüfen, wieweit Sie erreicht haben, was Sie sich vorgenommen haben.

Einige haben ihre Ziele immer gut vor Augen, andere neigen dazu, diese schnell aus dem Bewusstsein zu verlieren und können sich nur mit ziemlicher Anstrengung an sie erinnern. Wenn Sie zur letzteren Gruppe gehören, machen Sie sich die Mühe, Ihre Vorhaben schriftlich auf einem Zettel oder in einem Kalender festzuhalten und sich immer wieder in Erinnerung zu rufen. Wenn Sie nach einiger Zeit den Zettel wieder zur Hand nehmen, können Sie feststellen, ob Sie Ihren Zielen näher gekommen sind.

2. Die Situation danach

2.1 Die ersten Wochen danach

Wenn Sie gerade aus einer stationären Behandlung zurückkommen, haben Sie wahrscheinlich noch einigen Schwung, den Sie nutzen können. Der positive Trend hält meist noch eine ganze Weile an. Ihn gilt es zu stabilisieren und zu nutzen.

Die meisten werden in den ersten Wochen wieder zuhause in der alten Umgebung sein. Im folgenden werden einige typische Situationen geschildert.

Alles ist neu

Mir fällt jetzt vieles auf, was ich vorher nicht gesehen habe, Positives und Negatives. Ich habe einen schärferen Blick.

Das gibt im Allgemeinen ein Gefühl der Überlegenheit, kann aber unter Umständen auch erschrecken und schmerzen, da manche Wirklichkeit hart und ernüchternd ist. Trotzdem ist ein schärferer Blick eine gute Voraussetzung, um etwas zu ändern oder bewusst zu akzeptieren, wie es ist.

Fremdheit

Es ist mir jetzt vieles fremd, ich muss erst neu damit vertraut werden. Der Tagesablauf ist ganz anders als in der stationären Behandlung.

Das sind Umstellungsschwierigkeiten, in denen die Chance steckt, auch einzelne Dinge zu ändern. Sie spüren jetzt vielleicht besser, was zu Ihnen passt und was nicht.

Besuch bei Freunden

Alle haben sich in besonderer Weise auf die neue Situation eingestellt, sind besonders nett und höflich, ja fast vorsichtig im Umgang mit mir. Ich freue mich, wieder da zu sein, die anderen auch, aber es bleibt zunächst ein Rest Unsicherheit.

Wenn sich Fremdheit und Unsicherheit im Kontakt mit Freunden einige Male wiederholen, sollten Sie sich fragen, womit das zusammenhängen könnte. Wenn Sie glauben, es liegt daran, dass Sie keinen Alkohol mehr trinken, dann überschätzen Sie die Wirkung Ihrer Abstinenz auf andere und erleben diese als etwas Trennendes. Wahrscheinlicher ist, dass Sie jetzt genauer spüren, ob Gemeinsamkeiten und Übereinstimmungen tatsächlich ausreichend vorhanden sind oder nicht.

Gegenüber dem Alkohol

Im Allgemeinen ergeben sich keine großen Probleme mit dem Alkohol. Manche Situation, in der Alkohol angeboten wird oder vorhanden ist, macht mich noch unsicher. Bestimmte Ereignisse, bei denen Alkohol zum Ritual gehört, habe ich vermieden.

Sie werden bald erfahren, dass Sie solche Situationen zunehmend mit größerer Sicherheit bestehen und die anderen oft unsicherer sind als Sie selbst.

Neuanfang

Ich will, dass jeder in meiner Umgebung merkt, dass ich ein anderer geworden bin und mich anders verhalte als früher.

Die Freude über das bisher Erreichte sollten Sie sich bewahren, auch wenn Sie bei anderen vielleicht Zweifel spüren, ob Sie durchhalten werden. Lassen Sie sich dadurch nicht beirren. Sie sollten aber darauf gefasst sein, eventuell wieder in alte Gewohnheiten zurückzufallen. Wenn Sie dies frühzeitig merken, können Sie sich dafür oder dagegen entscheiden und entsprechend handeln.

Brauche ich eine neue Umgebung?

Ich stehe vor der Frage, ob ich zu meinen alten Freunden wieder Kontakt aufnehmen soll. Ich zögere, weil ich dann erzählen muss, wie es war oder weil ich dann wahrscheinlich wieder in die Entscheidungssituation komme, Alkohol zu trinken oder abzulehnen.

Haben Sie den Mut, sich den alten Freunden zu stellen. Sie werden rasch feststellen, wie diese Freunde zu Ihnen stehen und umgekehrt wie Sie zu ihnen. Versuchen Sie dabei, ein eigenes Ziel, z. B. ein bestimmtes Thema, nach gemeinsamen Bekannten fragen u. ä. m., zu verfolgen, nicht nur, möglichst rasch peinliche Fragen hinter sich zu bringen.

Ihre Absicht kann sein herauszufinden, wie die alten Freunde jetzt zu Ihnen passen, ob Sie von ihnen akzeptiert werden und umgekehrt, ob Sie akzeptieren können, mit ihren nun vielleicht klarer erkannten Vorzügen und Schwächen.

Es bleibt alles beim Alten

Eigentlich hat sich nichts geändert. Es läuft alles so wie früher, als das Alkoholproblem noch nicht im Vordergrund stand.

Das kann bedeuten, dass Sie jetzt wieder voll akzeptiert werden und das, was sich an Schwierigkeiten ergeben hat, vergessen ist. Sie sollten aber vorsichtig und wach sein für kritische Entwicklungen, denn in dieser alten Situation hat sich ja Ihr Problem entwickelt.

Selbstentwicklung

Ich habe noch kein stabiles Selbstbewusstsein erreicht. Ich spüre meine Unsicherheit. Ich bin auf der Suche nach meinem eigenen Weg.

Unsicherheiten möchte man am liebsten verdrängen, aber Ihre Unsicherheit will Ihnen etwas sagen. Lassen Sie sie zu Wort kommen. Es ist keine Schande unsicher zu sein. Problematisch wird es erst, wenn Sie nicht dazu stehen. Denken Sie an den alten Rednertrick, zunächst von der eigenen Unsicherheit zu sprechen: „Liebe Kolleginnen und Kollegen, es fällt mir heute besonders schwer, vor so vielen Experten zu sprechen, die über mein Thema bestens informiert sind und fast alles darüber wissen ...“. Wenn Sie Ihre Unsicherheit sprechen lassen, haben Sie schon halb gewonnen. Die gespannte Unsicherheit bei der Rückkehr nach Hause oder in den Beruf kann mir beispielsweise sagen: Ich muss ganz neu anfangen und gleichzeitig so tun, als ob nichts gewesen wäre. – Beides widerspricht sich aber. Wie soll ich mich dann tatsächlich verhalten?

Kann ich alles wieder gutmachen, was ich in meiner „nassen“ Zeit falsch gemacht habe? Möchte ich am liebsten alles, was früher war, noch einmal mit meinem Partner durchsprechen, wie ich das vielleicht in der Klinik gelernt habe? Will ich die vergangene Zeit am liebsten vergessen und darüber hinweggehen? Ist es mir unangenehm, an frühere Zeiten erinnert zu werden, an all die Probleme, Auseinandersetzungen und Peinlichkeiten?

Sie können nicht alles, was war, genau verstehen und erklären. Das wäre für Sie selbst, aber auch für jeden anderen eine Überforderung. Das, was geschehen ist, können Sie nicht mehr rückgängig machen, das wissen Sie natürlich. Die „nasse" Zeit ist ein Teil Ihrer Erfahrung, die Sie für künftige Probleme nutzen können. Die Beschäftigung mit dieser Vergangenheit ist aber nur soweit notwendig, als Ihnen dadurch die Bewältigung gegenwärtiger Schwierigkeiten erleichtert wird. Vielleicht kennen Sie das Gefühl, sehr vieles ändern zu wollen, sei es aus Schuldgefühl, sei es aus dem Drang heraus, vieles nachholen zu müssen, so dass ein riesiger Berg vor Ihnen steht und Zweifel aufkommen, diesen Berg jemals bewältigen zu können. Nützlicher ist die Einstellung: Ich muss gar nicht soviel anders machen, ich brauche nicht ein völlig neuer Mensch zu werden, ich möchte mein Verhalten nur an dieser oder jener Stelle ändern, und dies führt dann zu den erwünschten dauerhaften Veränderungen und schließlich zu einem zufriedeneren Leben. Sich sehr viel vorzunehmen bedeutet, mit zahlreichen Problemen und Konflikten gleichzeitig konfrontiert zu werden. Das führt dann leicht zu schweren Enttäuschungen über eigene Fehler und Schwächen, zu Ärger und Wut auf sich selbst und schließlich auch zu totaler Resignation bis hin zu Selbstmordgedanken. Deshalb ist es günstiger, sich nicht zu viel vorzunehmen, immer nur soviel, wie man glaubt, auch tatsächlich in nächster Zeit (z. B. in der nächsten Woche) bewältigen zu können (Prinzip der kleinen Schritte). Die Zwischenschritte können Sie beliebig klein machen, entscheidend ist, dass Sie auch die kleineren Schritte noch als Fortschritt und Erfolg sehen. Wenn einmal ein Schritt misslingt, dann war er zu groß. In jedem Fall können Sie dann einen zusätzlichen Zwischenschritt einplanen.

2.2 Der Alltag kehrt wieder ein

Das Neue an der Situation, nun wieder zuhause und trocken zu sein, schwindet langsam. Die Umgebung erscheint wieder vertraut und die anfängliche Unsicherheit geht zurück. Das bedeutet aber oft, dass der zunächst etwas vorsichtige Umgang miteinander in Familie und Partnerschaft wegfällt. Dieses wieder Vertrautsein miteinander kann positiv sein im Sinne von mehr Bindung, aber auch negativ im Sinne von weniger Selbstkontrolle und daraus folgend mehr Reibereien und Ärger im Umgang mit Partner oder Kindern.

Alltag bedeutet Regelmäßigkeit und Gewohnheit, es hat sich ein bestimmter Ablauf eingespielt, der Sicherheit und Stabilität vermittelt. Alltag kann aber auch Langeweile bedeuten, zu wenig Abwechslung bis hin zum Gefühl des Eingesperrtseins.

Vielleicht fragen Sie sich einmal, wie Ihr Alltag auf Sie wirkt, ob Sie ihn akzeptieren können oder ob Sie ihn eher fürchten, weil Sie mehr Freiheit und Spontaneität suchen.

Was ist das Positive am Alltag?

- Der regelmäßige Ablauf gibt mir Stabilität und Sicherheit.
- Ich brauche nicht lange zu überlegen und zu planen.
- Ich bin in der Regel am Ende des Tages zufrieden, mein Soll erfüllt zu haben.

Den Alltag so einzuteilen, dass man zufrieden und ausgeglichen sein kann, ist nach einer oft chaotischen letzten Trinkphase eine wichtige Aufgabe. In der Klinik war ein bestimmter Ablauf vorgegeben, nun besteht die Chance, ihn so zu gestalten, wie Sie es selbst möchten. Es betrifft vor allem die Regelmäßigkeit von Essen und Schlafen, von sich Waschen und Pflegen, von körperlicher Bewegung und geistiger Tätigkeit (Fernsehen, Lesen u. a.). Anfangs kann es Mühe und Überwindung kosten, bis ein passender Ablauf sich entwickelt hat und bis dieser dann zur guten Gewohnheit geworden ist. Große Teile des Tagesablaufs sind durch die Arbeit, durch den Partner oder durch die Kinder vorgegeben und daher nicht beliebig änderbar. Vor allem die gegenseitige Anpassung an den Partner kann schwierig sein, aber es lohnt sich und ist für eine dauerhafte Partnerschaft grundlegend. Gerade hier zeigt sich, wie gut Partner zusammenpassen und sich ergänzen, ohne in allem gleich zu sein und ohne sich gegenseitig zu langweilen.

Ein paar zusammenfassende Fragen über Ihren Alltag sollen als Anregung dienen: Bin ich in der Regel mit meinem Tagesablauf zufrieden? Gibt es ausreichend Struktur und ausreichend Freiraum zwischen dem Aufstehen am Morgen und dem Schlafen gehen? Stimmt für mich das Verhältnis von Bewegung und Ruhe, von Essen und Trinken, von Sich-Pflegen und Nachdenken? Bei einem Nein zu einer dieser Fragen prüfen

Sie, woran es liegen könnte? Vielleicht haben Sie keine klaren Ziele, zu viele Dinge, die Sie erledigen wollen, zu wenig Freiraum für die Familie, für das eigene Nachdenken oder für die körperliche Fitness oder auch zu große innere Hetze, z. B. aus Angst, nicht alles zu schaffen.

Hinweise auf Probleme in diesen Bereichen sind z. B. häufige Unruhe und Unzufriedenheit am Abend, wiederholtes nicht ausgeschlafen sein, immer zu spät kommen, immer unter Druck Termine wahrnehmen, häufig bis zum Programm Ende fernsehen, oder sich selbst hinsichtlich Körperpflege und Kleidung vernachlässigen.

Wenn Sie Ihren Alltag ändern wollen, aber nicht wissen wie, können Sie sich umschauen, wie andere es machen oder wie das in der stationären Behandlung abgelaufen ist. Schreiben Sie den Ablauf, wie Sie sich ihn vorstellen, auf einen Zettel, den Sie von Zeit zu Zeit in die Hand nehmen können, um zu überprüfen, ob Plan und Realität übereinstimmen.

2.3 Längerfristige Ziele und Perspektiven

Wir sind nie so glücklich
oder so unglücklich,
wie wir es uns einreden.
La Rochefoucauld

Falsche Sicherheit oder Verzagtheit gegenüber dem Suchtproblem

Manche sagen sich mit Überzeugung, das Suchtproblem ist für mich seit Therapieende endgültig vorbei. Andere wiederum meinen, das ist nie vorbei, ich muss immer mit dem Schlimmsten rechnen. Beide Haltungen sind im Extrem problematisch. Sie führen zu einer unrealistischen Einschätzung Ihrer Situation. Die Wahrscheinlichkeit ist zwar hoch, dass Sie nach einem halben Jahr der Abstinenz weiter trocken bleiben können, aber die Wahrscheinlichkeit eines Rückfalls ist immer noch beträchtlich weit von Null, das heißt von einer total sicheren Abstinenz entfernt. Entscheidend ist die Überzeugung, dass das Alkoholproblem nur über die Abstinenz kontrolliert werden kann und dass es keine absolute Sicherheit für die Aufrechterhaltung der Abstinenz gibt.

Optimismus, Pessimismus und Realismus

Sie kennen vielleicht das Beispiel mit dem halb vollen und halb leeren Glas. Der Optimist sagt, ich habe noch ein halb volles Glas, der Pessimist sagt, mein Glas ist schon halb leer. – Beide haben natürlich Recht. Was nützlicher ist, hängt ganz von Ihrer Absicht und Bewertung ab. Wenn ich möchte, dass mir nachgeschenkt wird, sage ich, das Glas ist schon halb leer. Wenn ich aber deutlich machen will, dass ich genug habe und es mir reicht, dann sage ich, das Glas ist noch halb voll.

Pessimismus wird häufig durch folgende Annahmen aufrechterhalten:

- Sie glauben, dass ein für Sie negativer Zustand das ganze Leben anhält. Zum Beispiel: „Ich werde nie in meinem Leben einen Partner finden".
- Sie glauben, dass Sie auf den negativen Verlauf keinen Einfluss haben. „Da kann ich sowieso nichts dagegen tun, alles hängt von den anderen ab, nicht von mir selbst."
- Sie glauben, dass sich alles Positive im Endeffekt als problematisch und negativ herausstellen wird. „Das Haar in der Suppe wird sich schon noch finden." – „Am Ende ist alles sinnlos."

Gleichzeitig wehrt sich der Pessimist gegen solche Haltungen, er kämpft dagegen an, unter Umständen mit dem Mut der Verzweiflung und mit der Gefahr, eines Tages zu resignieren und den Dingen einfach ihren Lauf zu lassen. Das Tragische eines Pessimisten liegt darin, dass er aufgrund seiner inneren Einstellung auch häufiger negative Erfahrungen machen wird und diese dann wiederum seine negative Haltung verstärken. Ein Teufelskreis hat sich damit geschlossen.

Jede Haltung hat ihren dahinter liegenden Sinn und Zweck und den gilt es auch bei einer pessimistischen Haltung zu verstehen. Wenn Sie zu Zweifel und Pessimismus neigen, beruht dies sicher auf Ihren negativen Erfahrungen und dem Bedürfnis sich davor zu schützen. Pessimismus kann vor Enttäuschungen nicht völlig schützen, aber er kann sie abschwächen. Er verbirgt unter Umständen eigene, eventuell als peinlich erlebte Wünsche und Ansprüche, z. B. den Riesenanspruch nach totaler Harmonie und Versorgung in einer Zweierbeziehung.

Der Pessimist bleibt auf seine negativen Erfahrungen fixiert, der Optimist versteht es, sie zu verdrängen. Einseitiger Optimismus kann blind machen gegen reale Gefahren, z. B. als blindes Vertrauen zu einem Partner, so dass immer wieder Warnsignale übersehen werden und Enttäuschungen die Folge sind.

Wenn mir eine pessimistische, aber auch eine optimistische Haltung problematisch erscheinen, bleibt als dritter Weg noch die Haltung eines Realisten, der versucht, sowohl negative als auch positive Erfahrungen in sein Leben zu integrieren.

Wenn du klug bist,
so mische eines mit dem anderen:
hoffe nicht ohne Zweifel
und zweifle nicht ohne Hoffnung.
Seneca

Gegenwart oder Vergangenheit

Manche sagen sich, ich lebe im Hier und Jetzt, ich bin mehr ein spontaner Typ und kümmere mich nicht um das, was in fünf oder zehn Jahren sein wird. Andere dagegen neigen dazu, immer wieder über ihre Zukunft nachzudenken oder leben ganz auf die Zukunft hin.

Wenn ich das oder jenes erreicht habe, wird alles anders werden. Wenn ich erst eine Partnerin gefunden habe, die zu mir passt, dann sind alle Probleme überstanden. Wenn ich erst einmal die Prüfung bestanden habe, dann werde ich neu anfangen.

Solche Einstellungen sind zwar geeignet, etwas auszuhalten und durchzustehen. Sie sind aber auch problematisch, weil sie nämlich keine echte Verhaltensänderung signalisieren, sondern lediglich auf eine Abhängigkeit von einem äußeren Ereignis oder Zustand hinweisen, der oft fern in der Zukunft oder weitgehend außerhalb der eigenen Einflussmöglichkeit liegt.

Zufriedenheit und Glück werden ganz in der Zukunft erwartet, so dass diese eigentlich nur überfordert sein kann, Enttäuschungen unausweichlich sind und die Zufriedenheit im Hier und Jetzt vernachlässigt wird. Wie so oft kommt es auf das Maß zwischen den beiden Extremen an: nur in der Gegenwart leben oder nur auf ein späteres, besseres Leben ausgerichtet sein. Meistens sind beide Perspektiven notwendig. Ihre Aufgabe bleibt es, dieses Gleichgewicht für sich selbst und in Abhängigkeit von der jeweiligen Situation immer wieder neu zu finden. Das gelingt aber nur durch Offenheit dem eigenen Gefühl und Urteil gegenüber und durch mutiges und zugleich vorsichtiges Ausprobieren neuen Verhaltens.

Eine längerfristige Perspektive ist vielleicht schon in der Therapie erarbeitet worden. Wenn Sie trotzdem bislang keine Zukunftsvorstellung entwickeln konnten, so lohnt es sich, darüber einmal nachzudenken. Das Ergebnis kann sein, dass es sich für Sie nicht bewährt hat, längerfristige Ziele zu haben. Oder Sie sagen sich: Ich bin mehr ein spontaner Typ, der ganz in der Gegenwart lebt, was kümmert mich Vergangenheit und Zukunft. Vielleicht habe ich aus irgendwelchen Gründen auch Angst vor meiner Zukunft. Wenn das der Fall ist, dann haben Sie irgendeine Vorstellung, irgendwelche Gedanken, die zu dieser Furcht führen. Vielleicht denken Sie auch, dass Sie keine Zukunft mehr haben und im Grunde alles schon für Sie vorbei ist oder dass Sie zu alt sind, um noch eine Zukunft zu haben. – Versuchen Sie, sich damit auseinanderzusetzen, entweder im Gespräch mit anderen oder in schriftlicher Form. Wenn in der vergangenen Therapie oder Selbsterfahrung bereits eine Zukunftsperspektive erarbeitet worden ist, dann geht es jetzt vor allem um eine Kontrolle, ob der eingeschlagene Kurs richtig ist und Sie weitergebracht hat und möglicherweise um eine Korrektur.

Die Vergangenheit darf uns nicht fesseln,
weil wir nichts anderes zu tun haben,
als unsere Fehler zu bereuen,
aber die Zukunft darf uns noch weniger berühren,
denn was uns betrifft,
existiert sie durchaus nicht,
und vielleicht erreichen wir sie niemals.
Die Gegenwart ist die einzige Zeit,
die uns wirklich gehört ...

Pascal

Für manche Betroffene ist das Engagement in einer Selbsthilfegruppe oder auch im Rahmen der professionellen Suchtkrankenhilfe als Suchttherapeut ein Berufsziel. Als früher selbst Betroffener sind Sie meist überzeugender, können aus der unmittelbaren Erfahrung heraus sprechen, sind aber auch evtl. zu wenig distanziert im Sinne von zuviel persönlichem Einsatz oder auch im Sinne von zu großer Strenge gegenüber den aktuellen Betroffenen.

Kleine Phantasieübung:

Nehmen Sie sich die Zeit, sich einmal vorzustellen,
- wo und wie Sie in zehn Jahren leben werden,
- wo und wie Sie in zehn Jahren arbeiten werden.

Falls Sie eine Abneigung gegen solche Vorstellungen spüren, zwingen Sie sich nicht dazu. Registrieren Sie Ihre Gefühle und Gedanken. Sie können dann entscheiden, ob Sie sich weiter damit beschäftigen wollen oder nicht. Wenn Sie sich auf Zukunftsvorstellungen einlassen können, achten Sie auf positive und negative Gefühle und Gedanken. Dadurch erkennen Sie besser Ihre Wünsche und Befürchtungen hinsichtlich Ihrer Zukunft. Eine klare Vorstellung, die Sie bejahen können, stärkt Ihre Sicherheit und Zuversicht. Wenn Sie Schwierigkeiten haben, sich Ihr weiteres Leben vorzustellen, dann kann das natürlich mehrere Gründe haben, z. B. dass solche Gedanken für Sie ungewohnt sind, aber auch, dass Sie sich unbewusst nicht damit beschäftigen möchten, weil solche Vorstellungen unangenehme Gefühle auslösen. Oder Sie haben die Meinung, es kommt sowieso alles anders als man denkt, man soll sich auf die Gegenwart beschränken (Spruchweisheit auf Seite 67). Wenn Sie aber dennoch weiter daran arbeiten wollen, dann sollten Sie sich fragen, was ist mir dabei unangenehm, was sagen meine Bedenken, was sagt meine Vernunft dazu? In jedem Fall haben Sie einen Gewinn an Einsicht und innerer Sicherheit.

2.4 Krisensituationen

In der Situation zuhause unter alten Bedingungen können sehr schnell wieder wohlbekannte frühere oder auch neue Krisen auftreten. Es können eigene Schwierigkeiten sein oder die Probleme von Familienangehörigen oder von anderen Betroffenen, die Sie sehr belasten können. Es kann eine äußere Krise sein, wie ein Arbeitsplatzverlust oder eine innere Krise, wie Gedanken der Sinnlosigkeit oder ein Gefühl der Leere und Freudlosigkeit. Der häufigste Fall ist: ein einschneidendes äußeres Ereignis führt zu einer inneren Belastung. Es gibt aber auch die umgekehrte Entwicklung: eine innere, oft länger anhaltende Krise führt zu einer äußeren schwer belastenden Situation.

Folgende Krisen sollen unterschieden werden:

Alkoholrückfall

Nicht jeder Alkoholrückfall ist eine schwerwiegende Krise. Manchmal kommt es zu leichten Rückfällen, aus denen schnell wieder ein Weg zur Abstinenz gefunden wird. Wenn Sie aber weiter trinken, zeigt sich mehr oder weniger schnell ein Rückfall in frühere Trinkgewohnheiten. Dies dauert Tage und Wochen, kann sich aber auch über Monate hinziehen. Bei einem Rückfall gilt, dass nichts wichtiger ist, als wieder aus diesem Teufelskreis des Alkoholtrinkens herauszukommen. Alles andere kann erst nach Erreichen der Abstinenz angegangen werden. Es gilt das Prinzip, dass Alkoholprobleme Vorrang haben vor anderen Problemen. „Wo Alkohol das Problem ist, ist Alkohol das Problem" (Wilhelm Feuerlein).

Depressive Krise

Auf einen depressiven Zustand weisen folgende Anzeichen hin: Rückzug aus sozialen Beziehungen, Abnahme der Interessen, Freudlosigkeit, Gedanken der Sinnlosigkeit und Gefühle der Hoffnungslosigkeit, schwere und rasche Ermüdbarkeit, Grübeln und Zweifeln bis hin zu dem Gedanken, nicht mehr leben zu wollen.

In der Regel sind einer depressiven Krise schwere Enttäuschungen vorausgegangen, die zu einem Zustand der Traurigkeit, der Hilflosigkeit und inneren Leere geführt haben.

Negative Gedanken (ich bin nichts wert u. ä. m.) und negative Gefühle (Hilflosigkeit, Antriebslosigkeit, Traurigkeit, Freudlosigkeit u. a. m.) treten häufig gemeinsam auf und verstärken sich wechselseitig (s. auch Abschnitt Optimismus Pessimismus und Realismus S. 65). Um diese

Teufelskreise zu durchbrechen, können Sie am besten Ihre negativen Gedanken und Vorstellungen beeinflussen, indem Sie diese stoppen und nicht weiter ausbauen. Versuchen Sie Ihre negativen Gefühle zu begrenzen: Diese haben zwar im Ansatz auch Ihre Berechtigung und wollen auch gehört werden, aber sie sind meist überzogen oder zu stark verallgemeinernd oder haben nur eine sehr geringe Wahrscheinlichkeit, dass Befürchtungen tatsächlich eintreffen. Zum Beispiel die Vorstellung; Du wirst immer allein bleiben. Solche Gedanken sollten Sie in Frage stellen, zeitlich begrenzen und Ihnen keinen freien Lauf lassen, auch wenn sie sich vielleicht anfangs immer wieder spontan einstellen. Umgekehrt sollten Sie sich fragen, in welcher Situation habe ich mich ein bisschen besser gefühlt, wie habe ich das gemacht oder dazu beigetragen. Für was war ich in letzter Zeit etwas mehr interessiert?

Vielleicht können Sie später auch positive Gedanken und anziehende Bilder dagegen setzen. Zum Beispiel: Es gibt immer ein paar Leute, die mich mögen, ich war und werde nicht immer gleich traurig sein, es gibt sicher nach dem Abwärts auch wieder ein Aufwärts. Auch durch einfache Tätigkeiten (z.B. Bügeln, Joggen u.ä.m.) oder durch eine angenehme Situation (z.B. ein Wohlfühlbad nehmen) können Sie sich zeitweilig ablenken.

Die Erfahrung der Ohnmacht weist mich auf Grenzen hin, die ich akzeptieren kann oder ich lehne sie ab und versuche sie zu überwinden. Beide Richtungen führen aus der Depression heraus. Dazwischen liegt das Feld des Zweifels, der Sinnlosigkeit und der schwankenden Hoffnung (siehe Abschnitt „Problem der Sinnlosigkeit“ – Seite 117–119).

Durch Zweifelsucht
kann unser ganzes Dasein zerstört
und für immer zum Trümmerhaufen werden.
Epikur

Wenn Ihnen Ihr Leben zeitweise sinnlos und leer vorkommt, denken Sie daran, was Sie trotz allem erlebt oder geleistet haben. Niemand kann Ihnen das wegnehmen, auch Sie selbst nicht. Allerdings können Sie für sich selbst manches verdrängen und vergessen, was in Ihrem Leben wertvoll war.

Der Gedanke, nicht mehr zu leben, kann in bestimmten Situationen sehr verlockend sein: Alle Last und Mühe wäre zu Ende, alle Probleme würden sich auflösen und Ruhe und Zufriedenheit würden einkehren.

Selbstmord (Suizid) ist aber etwas nicht mehr Umkehrbares, er bedeutet die Entscheidung, sein Leben nicht mehr anzunehmen, es einfach wegzuwerfen. Es ist ein letzter Akt, sich und der Welt zu zeigen, dass ich selbst über mich bestimmen kann. Er bedeutet oft eine letzte Auflehnung gegen das eigene Geschick oder gegen eine schwere Krankheit. Suizidäußerungen sollten in jedem Fall ernst genommen werden.

Der Zustand, nicht mehr leben zu wollen, lässt sich vor allem durch drei Gruppen von Verhaltensweisen charakterisieren:

Hinweise für Suizidgefährdung

1.) Zunehmender Rückzug von anderen Mitmenschen, auch von bisherigen Aktivitäten und Interessen.

2.) Häufigere Gedanken an Selbstmord und Überlegungen, wie das geschehen könnte.

3.) Aggression gegen sich selbst: Ärger und Wut über eigene Fehler und Schwächen, der Gedanke, nichts wert zu sein, Selbstanklagen, alles falsch gemacht zu haben und Hoffnungslosigkeit. Suizidhandlungen sind Ausdruck der Aggression gegen die eigene Person.

Wenn Sie bei sich oder bei jemand anderem solche Verhaltensweisen feststellen, sollten Sie unverzüglich professionelle Hilfe in Anspruch nehmen bzw. einschalten. Sie können beispielsweise den mittlerweile sehr weit verbreiteten Telefon-Notruf für Suchtgefährdete oder die Telefonseelsorge jederzeit völlig unverbindlich anrufen. Oder Sie sprechen mit Ihrem Therapeuten in der Beratungsstelle oder mit einem Arzt oder Seelsorger. Nicht zuletzt kann ein offenes Gespräch mit dem engsten Angehörigen oder Freund ein erster Schritt aktiver Suche nach Unterstützung und Hilfe sein.

Kinder, Angehörige, Freunde haben oft schwer an einem Suizidversuch oder einem ausgeführten Suizid einer Bezugsperson zu tragen. Schwere Schuldgefühle entstehen, wenn jemand glaubt, nicht alles für den Betroffenen getan zu haben. Es kann sich starkes Mitleid entwickeln bis hin zu einer völligen Identifizierung, was schließlich zur eigenen Selbstmordgefährdung führen kann.

Selbstmordversuche können unterschiedliche Bedeutung haben:

Man unterscheidet

- solche, die vorwiegend als Abschalten von schweren Problemen und Konflikten zu verstehen sind (parasuizidale Pause)
- solche, die als Hilferuf, als Bitte um Zuwendung und Liebe gemeint sind (parasuizidale Geste)
- solche, die deutlich besagen, nicht mehr leben zu wollen.

Eine Klärung der Art des Suizidversuchs und der gesamten damaligen Situation durch Gespräche mit Freunden oder professionellen Helfern kann zur Entlastung und Beruhigung beitragen.

Krise des Selbstvertrauens

Häufige oder besonders schwerwiegende Misserfolge, die meist mit den hohen eigenen Ansprüchen zusammenhängen, sind eine Belastungsprobe für das eigene Selbstbewusstsein. In solchen Zeiten können manche sich selbst nicht ausstehen, trauen sich selbst nichts mehr zu und machen sich für alles verantwortlich, was schief geht. Sie zweifeln an sich selbst, Sie überlegen hin und her und grübeln so lange, bis sich alles im Kreise dreht. Oft sind damit folgende Gedanken verbunden: Ich bin nichts wert, ich kann nichts erreichen, für andere ist die gleiche Aufgabe kein Problem, ich mache zu viele Fehler, ich brauche für alles viel zu lange.

Gehen Sie davon aus, dass Ihre ständige Selbstkritik für Sie von Vorteil ist. Mit Ihrer eigenen Kritik kommen Sie der Kritik anderer zuvor. Gleichzeitig treiben Sie sich an, es immer besser zu machen. Als Kritiker des eigenen Verhaltens stehen Sie über Ihren Grenzen und Schwächen, so dass Sie Ihre Begrenztheit zwar erkennen, aber aus der Entfernung auf sich selbst herabsehen, ohne sich damit wirklich anzunehmen. Außerdem kann Sie niemand mehr angreifen, kann Ihnen keiner mehr Vorwürfe machen, wenn Sie als erster sich kritisieren. Und wer auf der Anklagebank sitzt, hat das Recht auf einen Verteidiger. Wer übernimmt diese Aufgabe? Können Sie das selbst übernehmen? Neigen Sie dazu, es jemand anderen zu überlassen?

Merke: bei allem,
was dir begegnet,
frage dich selbst:
was habe ich gegenüber der Sache
oder dem Problem für eine Fähigkeit?
Epiktet

Angstkrise

Angst kann in den verschiedensten Situationen auftreten. Es gibt auch eine ganz realistische Angst. Von einer Angstkrise sollte man erst dann sprechen, wenn die Angst zu einer erheblichen Einengung im privaten oder beruflichen Bereich geführt hat: z. B. wenn jemand nicht mehr außer Haus gehen, oder wenn jemand ganz bestimmte Tätigkeiten, wie mit der U-Bahn zu fahren, nicht mehr ausführen kann. Auch panikartige Angstattacken sind hier einzuordnen.

Im Mittelpunkt steht zunächst die Frage, ob ich bereit bin und die Kraft habe, mich dieser Angst auszusetzen und sie durchzustehen. Wenn Sie sich dazu durchgerungen haben, auch mit Hilfe von anderen, dann werden Sie Ihre Angst auch wieder in den Griff bekommen (siehe auch Seite 52 – Umgang mit Befürchtungen und Ängsten). Im anderen Fall sollten Sie sich nicht scheuen, professionelle Hilfe und Unterstützung in Anspruch zu nehmen.

Belastungskrise

Dazu gehören extreme berufliche oder private Belastungen durch schwerwiegende äußere Ereignisse (z. B. Tod eines Partners) oder durch beruflichen oder privaten Dauerstress. Ausdruck dafür könnte sein: Ich weiß nicht mehr, wo mir der Kopf steht. Ich möchte so vieles tun, zu dem ich nicht komme. Ich habe wieder genau so viel um die Ohren wie früher.

**Gegen Zwiespalt und Verwirrung
ist das beste Mittel,
sie ihren Lauf nehmen zu lassen,
denn so beruhigen sie sich von selbst.**
Gracian

Meist zieht die äußere Belastungskrise eine innere nach sich. Der Tod eines Partners führt zu innerer Einsamkeit, eine berufliche Sackgasse führt zur Frage: Was will ich überhaupt in meinem Leben erreichen? Ein wichtiger Faktor ist die Zeit. Damit sie wirken kann, ist vor allem Geduld und Beharrlichkeit erforderlich.

Von einer psychotraumatischen Belastungsreaktion spricht man, wenn folgende Anzeichen auftreten:

1. Es gab ein schwer belastendes äußeres Ereignis (z. B. Folter, Geiselnahme, Unfall, Naturkatastrophe); es können aber auch schwer belastende Lebensumstände über einen längeren Zeitraum (z. B. Bedrohungen) sein.
2. Plötzlich wieder kehrende Erinnerungen an das traumatische Ereignis in Form von Albträumen oder in Form von Flashbacks (Nachhallerinnerungen), bei denen Szenen und kleinere Erinnerungsfetzen des Traumas wiederholt auftauchen.
3. Vermeidungsverhalten gegenüber allem, was an das Trauma erinnern könnte.
4. Gesteigerte Schreckhaftigkeit, Unruhezustände und Erregbarkeit.

Sollte das Syndrom als Selbstheilungsprozess nach vier Wochen noch nicht deutlich abgeklungen sein (weiterführende Literatur Fischer, 2008), sollten Sie an eine professionelle Hilfe denken (Psychotherapeut mit Erfahrung in Traumabehandlung).

Partnerkrise

Sie haben sich in einer Partnerschaft nichts mehr zu sagen: Ich mag nicht mehr oder der Partner mag nicht mehr. Der eine fühlt sich vom anderen ausgenutzt. Es wird ernsthaft über eine Trennung oder Scheidung gesprochen. Oder es kommt zu schweren Auseinandersetzungen mit Tätlichkeiten.

Ein paar Fragen und Hinweise können zu einem besseren Verständnis der Partnerkrise beitragen:

- Wenn Sie gerade eine Partnerbeziehung aufgebaut haben oder wenn Sie nun schon so lange miteinander leben trotz großer Schwierigkeiten und Dauerkonflikten, dann haben sie beide Kräfte und Fähigkeiten, die Sie zusammenhalten. Wie sehen diese aus, wie zeigen sie sich? – Z. B. gemeinsame Interessen, gleicher Lebensstil, sich ergänzende Eigenschaften.
- Wenn Sie sich immer wieder über Einzelheiten oder über längst Vergangenes streiten, denken Sie daran, dass es sehr wahrscheinlich im Grunde um anderes geht: z. B. endlich gerecht behandelt zu werden, nicht immer nachzugeben, nicht immer Opfer oder Verlierer zu sein, oder es geht um die Neigung, die Verantwortung immer dem anderen zu überlassen.
- Will ich von meiner Seite die Partnerbeziehung wirklich aufrecht erhalten? Was möchte ich in der Beziehung erhalten, was nicht?
- Wie versuche ich etwas zu ändern? – Durch Kritik und Nörgelei, durch immer wieder neue Vorschläge und Aktivitäten oder durch Anerkennung und Konzentration auf das positive Gemeinsame und der gleichzeitigen Ausklammerung des Negativen, Unerwünschten?

Alle Strategien können je nach der Persönlichkeit Ihres Partners und je nach Situation erfolgreich sein. Wenn Sie das Gefühl haben, nicht voranzukommen, kann das unter Umständen damit zusammenhängen, dass Sie eine bestimmte Strategie, z. B. Kritik, einseitig bevorzugen und glauben, durch noch mehr Kritik endlich das zu erreichen, wonach Sie sich beim Partner sehnen.

- Wie groß ist meine Angst vor den Folgen einer Trennung? (Angst vor der Reaktion des Partners, Alleinsein, Schuldgefühle, Scham, das Scheitern der Beziehung vor sich und anderen einzugestehen u. a.).
- Versuche ich, unter allen Umständen die Beziehung aufrecht zu halten? Wie viel bin ich bereit, in Kauf zu nehmen?

Wenn Ihnen die Partnerschaft fast alles bedeutet, versuchen Sie einmal, diese aus größerer Entfernung zu betrachten. Stellen Sie sich vor, Sie erleben Ihre Beziehung, wie sie ein guter Freund sehen könnte. Ein anderer Ansatz: Sie machen eine Negativliste, aber auch eine Positivliste, über Ihren Partner. Wenn Sie unsicher sind hinsichtlich Ihrer tatsächlichen Selbständigkeit, beweisen Sie sich selbst, dass Sie vieles auch allein durchführen können.

- Welche Funktion hat für Sie der Partner? – Dient er mit seinen Erfolgen und Fähigkeiten oder mit seiner Hilfsbereitschaft hauptsächlich zur Stärkung des eigenen Selbstvertrauens?
- Scheuen Sie sich nicht, mit guten Freunden darüber zu reden. Holen Sie sich auch Unterstützung und Hilfe bei Ehe- und Partnerschaftsberatungsstellen. Lassen Sie sich beraten! Sie gehen damit keine Verpflichtungen ein.
- Wenn Sie beide oder nur Sie allein fest entschlossen sind, sich zu trennen, dann denken Sie daran, dass sie leicht in einen verbitterten Streit geraten können, denn mit einer Auseinandersetzung, die vor allem die negativen Seiten des Partners herausstellt, lässt es sich leichter auseinander gehen. Brauchen Sie einen solchen Streit?
- Lassen Sie in bestimmten Situationen Ihre Traurigkeit und Ihren Schmerz über die Trennung zu. In anderen Situationen ist es besser, den Schmerz kurz wahrzunehmen und zu verdrängen, indem Sie bewusst versuchen, sich mit etwas anderem zu beschäftigen, auch wenn Sie sich dazu erst überwinden müssen (siehe auch Abschnitt Seite 39 zu dem Thema Verzeihen).

Identitätskrise

Eine solche Sinnkrise bedeutet, dass jemand seine Rolle in Familie und Beruf innerlich in Frage stellt, mit nichts mehr zufrieden ist und plötzlich nicht mehr weiß, wofür er dies oder jenes so lange und mit so viel Einsatz getan hat. Eine Identitätskrise kann auch damit zusammenhängen, dass sich jemand eine völlig neue Zukunft aufbauen mochte, dabei ständig auf Schwierigkeiten und Grenzen stößt und schließlich elementare Zweifel an sich selbst und am Sinn des Lebens bekommt. Eine Identitätskrise kann sich chronisch über eine längere Zeit erstrecken, sie kann aber auch als aktuelle Lebenskrise zu verstehen sein.

Eine Lebenskrise wird häufig durch äußere Veränderungen eingeleitet, wenn z. B. die Kinder erwachsen werden und außer Haus gehen. Das kann vor allem für die Mutter eine totale Umstellung von Kindern und Familie auf Beruf und Freizeit bedeuten. Auch das zunehmende Alter kann zu Lebenskrisen verschiedener Art führen: Wie attraktiv bin ich noch für andere? Wie fit bin ich im Vergleich zu Jüngeren? Wie viele Jahre habe ich noch vor mir, was will ich damit anfangen? Vor welchen Lebensaufgaben stehe ich?

Weitere Fragen sind: Was will ich eigentlich in meinem Leben erreichen? Wer bin ich? Wer möchte ich als Mann oder als Frau sein?

Jede Krise ist ein Signal, sich mit den hoch aktuellen Schwierigkeiten zu beschäftigen. Das erfordert Mut und Durchhaltevermögen. Denken Sie daran, dass jede Krise auch ein Ende hat und nur eine Phase in Ihrem Leben darstellt. Vor allem aber ist eine Krise auch eine Chance zur persönlichen Weiterentwicklung, was man leider oft erst merkt, wenn sie vorbei ist.

2.5 Prüfliste für die Situation danach

Die nachfolgende Liste von Fragen und Kommentaren bezieht sich nicht auf die Therapie oder Selbsterfahrung (wie im Abschnitt „Wie ziehe ich Bilanz"), sondern sie soll eine Standortüberprüfung in wichtigen Lebensbereichen zu einem beliebigen Zeitpunkt ermöglichen. Wenn Sie die Fragen durcharbeiten, brauchen Sie etwas Zeit zum Nachdenken. Erst dann wird eine solche Liste für Sie nützlich sein.

Alkohol:

		ja	nein
1.)	Kann ich akzeptieren, dass ich gegenüber dem Alkohol machtlos bin? (AA-Schritt 1, 1. Teil)	□	□
2.)	Habe ich manchmal Gedanken und Phantasien über Alkohol?	□	□
3.)	Habe ich in letzter Zeit versucht, alkoholfreies Bier oder alkoholfreien Wein zu trinken?	□	□
4.)	Ist die Rolle des Abstinenten für mich ein Problem im Kontakt mit anderen?	□	□
	Wenn Ja, worin bestehen diese Schwierigkeiten?		
5.)	Habe ich die Erfahrung gemacht, dass kleinere Alkoholmengen für mich kein Problem mehr darstellen?	□	□
6.)	Ist für mich der Konsum von Medikamenten als Ersatz für Alkohol ein Ausweg?	□	□

Folgerung:

Wenn Sie eine der Fragen mit Ja (die erste Frage mit Nein) beantwortet haben, sollten Sie als Betroffener sich ernsthafte Gedanken über Ihre Einstellung zum Alkohol machen und mit anderen Betroffenen oder mit einem Experten darüber sprechen.

Lebensgeschichte

		ja	nein
1.)	Kann ich meine Vergangenheit im Prinzip akzeptieren, wie schwer sie vielleicht auch gewesen sein mag?	□	□
	Wenn Nein, wird Ihre Vergangenheit immer wieder wie ein Klotz an Ihrem Bein hängen. Versuchen Sie, Ihre eigene Geschichte anzunehmen, und Sie werden sie leichter tragen können		

2.)	Habe ich Schuldgefühle, weil ich in meiner Trinkzeit oder auch sonst manches Ungute bewirkt habe? *Wenn Ja, versuchen Sie die Verantwortung zu tragen. Sie können die Zeit nicht rückgängig machen. Sie können aber viel dafür tun, dass Ähnliches sich nicht wieder ereignet.*	□	□
3.)	Habe ich eine gründliche und furchtlose Prüfung in meinem Inneren vorgenommen? (AA-Schritt4). *Wenn Nein, was befürchte ich, wenn ich mich darauf einlasse?* *Haben Sie Mut zu sich selbst, nur dann stehen Sie auf sicherem Boden.*	□	□
4.)	War oder bin ich in der Lage, Fehler und Schwierigkeiten vor mir selbst und anderen zuzugeben? (AA-Schritt 5). *Wenn Nein, was beschämt mich dabei? Versuchen Sie, Ja zu sagen zu Ihren Schwächen, und Sie werden merken, dass dann Ihr Mut und Ihre Stärke wieder kommen.*	□	□

Soziales Umfeld:

		ja	nein
1.)	Bin ich zufrieden mit meiner familiären Situation? *Wenn Nein, was möchte ich ändern? Problem von Nähe und Distanz: mehr Kontakt durch Gespräche, mehr Gemeinsamkeiten, mehr Unabhängigkeit?*	□	□
2.)	Bin ich mit meiner beruflichen Situation zufrieden? *Wenn Nein, was möchte ich anders haben? (z. B. mehr Sicherheit, mehr Eigenverantwortung, Geld oder Macht)*	□	□

3.)	Fühle ich mich wohl in meiner familiären Umgebung? *Wenn Nein, bei was wird mir unbehaglich? (Bei welchen Personen, in welchen Situationen? Problem von Dominanz und Einordnung?)*	□	□
4.)	Habe ich den Eindruck, dass mein Partner/meine Kinder mit mir zurecht kommen? *Wenn Nein, was fehlt eigentlich für ein gutes miteinander Auskommen?*	□	□

Folgerung:

Unzufriedenheit und Einsicht sind wichtige Vorbedingungen für Änderungen. Entscheidend ist aber, ob Sie entschlossen sind, an Ihrer Situation etwas Konkretes zu ändern.

Äußere Situation und Sicherheit

		ja	nein
1.)	Habe ich eine zufrieden stellende Wohnung bzw. Unterkunft?	□	□
2.)	Habe ich eine Arbeit, die meinen finanziellen Unterhalt sichert und mit der ich darüber hinaus zufrieden bin?	□	□
3.)	Habe ich eine Absicherung im Fall von Krankheit, Unfall und anderen schwerwiegenden Lebensereignissen?	□	□

Körperliche Gesundheit

		ja	nein
1.)	Habe ich im Allgemeinen einen geregelten Tagesablauf? *Wenn Nein, will ich das überhaupt ? Das könnte ja dann langweilig und spießig werden. Wie will ich meinen Tagesablauf gestalten?*	□	□

2.) Habe ich ausreichend Bewegung? ☐ ☐

Wenn Nein, will ich dafür einen Ausgleichssport betreiben oder vermehrt körperliche Arbeiten verrichten?

3.) Stehe ich unter ständigem Leistungsdruck? ☐ ☐

Letztlich ist ein Leistungsdruck selbst gemacht (eigene Ansprüche, Angst vor Verlust von Sympathie und positivem Selbstwertgefühl). Bin ich bereit auf einige positive Folgen des Leistungsdrucks zu verzichten?

4.) Bin ich bereit, für meine Gesundheit regelmäßig zum Arzt oder Zahnarzt zu gehen? ☐ ☐

5.) Sind meine Essgewohnheiten zufrieden stellend und gesund? ☐ ☐

Die äußere Situation im Sinne von Sicherheit und körperlicher Gesundheit stellt eine permanente Aufgabe dar, für die ich mir selbst gegenüber Verantwortung trage.

Selbsterkenntnis

ja nein

1.) Stimme ich mit meiner Rolle als Frau oder als Mann überein? ☐ ☐

2.) Bin ich auf der Suche nach einer neuen Identität (Rolle, Selbstbild) in Familie und Beruf? ☐ ☐

Suche ich nach einem neuen Anfang in alten Beziehungen und Rollen oder möchte ich einen totalen Neubeginn? Ein klares Ja bedeutet eine hohe Bereitschaft für Anderungen entweder im Sinne von Anpassung oder im Sinne von totaler äußerer Lebensänderung?

3.) Suche ich nach neuen Beziehungen, Herausforderungen und Erfahrungen? ☐ ☐

Wenn Ja, wie schätze ich dabei das Ausmaß an Unsicherheit und Risiko ein? Wenn Sie eine hohe Risikobereitschaft haben, dann sollten Sie auch Ihre andere Seite beachten, die sich Sicherheit wünscht.

4.) Ist mir Bindung, Sicherheit und Harmonie wichtiger als Aktivität und neue Erfahrungen? ☐ ☐

Ganz gleich wie Sie antworten, in beiden Fällen gilt es, nach dem jeweiligen Gegenpol, also entweder nach der Risikobereitschaft und dem Interesse für Neues und Unbekanntes oder nach dem Bedürfnis nach Sicherheit und Geborgenheit zu suchen?

5.) Brauche ich mehr Gelassenheit und innere Sicherheit in meinem Verhalten? ☐ ☐

Wenn Ja, in welchen Situationen? Wie zeigt sich Gelassenheit? – Gelassenheit bedeutet vor allem Vertrauen zu sich selbst und zum weiteren Lauf der Dinge, auch wenn sich kurzfristig manches nicht so entwickelt, wie man es sich vorstellt. Gelassenheit heißt aber nicht Gleichgültigkeit gegenüber anderen.

6.) Brauche ich mehr Selbstbewusstsein? ☐ ☐

Wenn Ja, in welchen Situationen? Wie soll mein selbstbewusstes Verhalten aussehen?

7.) Möchte ich einzelne Interessen und Aktivitäten verstärkt pflegen oder neue entwickeln? ☐ ☐

Wenn Ja, fangen Sie gleich damit an.

8.) Ist meine Situation jetzt anders als in der Zeit vor der Entwöhnungsbehandlung bzw. vor der Selbsthilfegruppe? ☐ ☐

Wenn Nein, sollten Sie genau prüfen, was Ihnen die Behandlung bzw. die Selbsthilfegruppe gebracht hat (siehe Abschnitt „Bilanz über Therapieerfahrungen“ – Seite 21f)

9.) Neige ich dazu, die nächsten Schritte immer lange im Voraus zu planen oder handle ich lieber spontan? ☐ ☐

Beides kann einmal notwendig sein, deshalb ist ein Mindestmaß beider Fähigkeiten wünschenswert. Auch wenn Sie mehr ein spontaner oder ein mehr planender Typ sind, sollten Sie den jeweiligen Gegentyp auch bei sich selbst kennen und manchmal fördern.

10.) Habe ich den Wunsch, mich einer religiösen Bewegung anzuschließen? ☐ ☐

Wenn Ja, versuchen Sie sich über Ihre Motive klar zu werden (siehe auch den Abschnitt 7 „Religion und Sucht")

Änderungsbereitschaft

ja nein

1.) Wie sehr will ich bestimmte Einstellungen und Verhaltensweisen ändern?

Welche?

möchte nichts ändern — ich will unbedingt etwas ändern

0% 10% 20% 30% 40% 50% 60% 70% 80% 90% 100%

2.) Bin ich bereit, andere Verhaltensgewohnheiten dafür aufzugeben? ☐ ☐

Wenn Ja, welche?

3.) Bin ich bereit, schriftliche Aufzeichnungen über meine Ziele und meine erreichten Veränderungen zu machen? ☐ ☐

Wenn Nein, bedeutet das vielleicht, dass Sie nicht voll und ganz hinter Ihrem Ziel stehen

Folgerungen:

Trotz großer Unzufriedenheit kann Ihre Bereitschaft zur Änderung der Situation oder des eigenen Verhaltens sehr gering sein. Dann erwarten Sie wahrscheinlich, dass alles sich irgendwie von alleine oder durch andere ändert. Es fällt Ihnen auch schwer, alte Gewohnheiten und deren Vertrautheit und Sicherheit aufzugeben. Insgesamt betrachtet bedeutet eine solche Unentschlossenheit, dass Sie selbst nicht die Verantwortung und das Risiko einer Verhaltensänderung übernehmen möchten.

3. Das Bindungs-Autonomie Modell

Manche können aus Theorien und Modellen Nutzen ziehen, weil sie nach einem Ordnungsschema suchen, ohne zwanghaft alles genau einordnen zu wollen. Andere dagegen orientieren sich überwiegend an konkreten Beispielen und einzelnen Erfahrungen. Wieder andere bevorzugen – soweit vorhanden – empirisch-wissenschaftliche Ergebnisse. Alle Erkenntnisquellen haben ihre Bedeutung, aber auch ihre Grenzen. Auf keine kann völlig verzichtet werden.

Wer glaubt, mit Theorien und Modellen wenig anfangen zu können, der kann diesen Abschnitt übergehen. Die darzustellenden Inhalte sind bereits in früheren Abschnitten aufgetaucht und werden auch in späteren Abschnitten weiter ausgeführt.

Das Bindungs-Autonomie Modell ist geeignet, viele Erlebnisse und Abläufe zum Suchtgeschehen, aber weit darüber hinaus auch andere Ereignisse und Erfahrungen besser verstehen und in ein psychologisches Bezugssystem einordnen zu können. Zunächst wird das Modell in einer komprimierten, etwas abstrakten Weise dargestellt, danach folgen einige Anwendungsbeispiele (vgl. auch Bilanz über Veränderungen der eigenen Persönlichkeit – Seite 30 und folgende).

3.1 Beschreibung des Modells

Bindung (an Menschen) und Autonomie (Unabhängigkeit und Freiheit) sind weit verbreitete Begriffe, die aber sehr unterschiedliche Bedeutung haben können. In dem hier verwendeten Sinne werden sie als Grundmotivationen und als Grundbedürfnisse des menschlichen Erlebens und Verhaltens aufgefasst. Daneben gibt es noch andere, z. B. Sexualität oder vitale Bedürfnisse zur Aufrechterhaltung der körperlichen Funktionsfähigkeit wie Essen und Schlafen. Im psycho-sozialen Bereich kommt den Grundmotivationen der Bindung an andere Menschen und der Autonomie als Selbständigkeitstendenz eine zentrale Bedeutung zu. Auch für das psycho-dynamische Verständnis der Sucht sind sie ein zentraler Ansatz. Die Alkoholwirkung führt entweder zur Erfahrung von mehr scheinbarer Autonomie (Stärke, Unabhängigkeit) oder sie ermöglicht eine kurzfristige, scheinbare Befriedigung passiver Abhängigkeitswünsche

(Abschalten von Sorgen und Konflikten, Nähe zu anderen, Wärme, Offenheit u. a.).

Den beiden Bedürfnisbereichen von Bindung und Autonomie entsprechen zwei Grundsituationen:

A) Die Erfahrung der Abhängigkeit von Bezugspersonen, z. B. vom Lebenspartner, vom sozialen und ökonomischen Umfeld sowie der natürlichen Umwelt.
Als Kind sind wir von den Eltern oder deren Ersatzpersonen abhängig. Als Erwachsene brauchen wir enge Kontakte zu einem Lebenspartner oder zu Freunden und wir sind abhängig von den technischen und natürlichen Umweltbedingungen. Dabei geht es im Wesentlichen um Erfahrungen der Sicherheit und Geborgenheit sowie um Wärme und Harmonie.

B) Die Grundsituation der Autonomie.
Sie wird erlebt als innere und äußere Unabhängigkeit, als Stärke und Macht sowie als lustvoll erlebte Fähigkeit, Neues zu erfahren und etwas zu schaffen oder zu gestalten. Fähigkeiten der inneren Autonomie sind die Entwicklung eigener Ziel- und Wertvorstellungen und die Selbstkontrolle über Gefühle und Wünsche. Fähigkeiten der äußeren Autonomie sind soziale Kontakt- und Durchsetzungsfähigkeit sowie Kenntnisse und Fertigkeiten verschiedenster Art.

Wir unterscheiden in den beiden Bedürfnisbereichen Bindung und Autonomie jeweils zwei Formen, die im Prinzip voneinander unabhängig sind (siehe Abbildung):

1.) Bindungsbedürfnisse als aktive Fürsorge für andere

Hier geht es um die Bereitschaft und den Antrieb, für andere da zu sein, für jemand zu sorgen, jemandem zu helfen und. zu unterstützen. Inbegriff ist die Bindung der Mutter zum Kind. Fürsorgliche Bindungsbedürfnisse sind jedoch sehr viel breiter vorhanden im Sinne einer allgemeinen Bereitschaft, Mitgefühl zu zeigen, sich für andere einzusetzen und jemandem zu helfen. Das Schlagwort der Helferrolle entspricht diesem Grundbedürfnis. Voraussetzung der Fähigkeiten, für andere tätig zu sein, ist ein Mitgefühl und die Bereitschaft zur Mitverantwortung für andere.

Schema: Das Bindungs-Autonomie Konzept

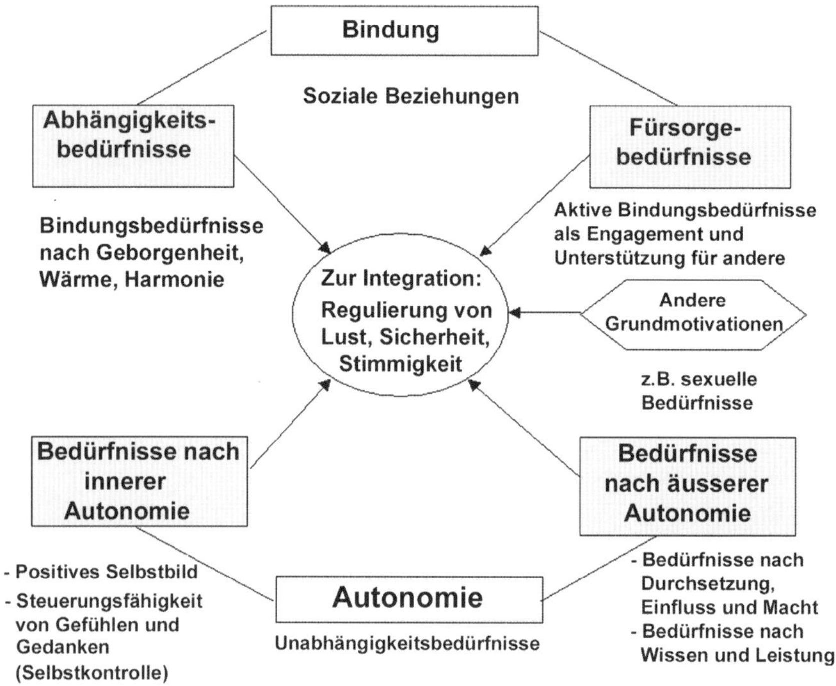

2.) Bindungsbedürfnisse als Abhängigkeitswünsche

Die Bindung des Kindes an die Mutter ist der Musterfall einer Abhängigkeitsbeziehung. Unabhängig vom Alter ist die Suche des einzelnen nach Sicherheit und Versorgt werden, nach Geborgenheit und Nähe Ausdruck solcher Wünsche.

Jeder kennt von sich selbst solche Abhängigkeitswünsche, wenn auch in individuell verschiedener Form und Intensität. Dazu gehört auch die Orientierung und Anlehnung an Meinungsführer und Autoritäten sowie der Wunsch nach Übereinstimmung mit anderen. Im passiven Konsumieren von Kulturprodukten wie Musik, Literatur, Film und Fernsehen kommen (neben einem Autonomiebedürfnis nach Information und Neuigkeiten) ebenfalls Abhängigkeitsbedürfnisse zum Ausdruck. Aktive und passive

Bindungsbedürfnisse bedeuten ein mehr oder weniger großes Maß an Abhängigkeit von Personen oder von Stoffen und Produkten. Wenn dafür große Nachteile, Einschränkungen und Schäden in Kauf genommen werden, wird eine solche Abhängigkeit problematisch.

3.) Innere Autonomie

Dazu gehören ein positives Selbstbild (Selbstbewusstsein), die Identität als Übereinstimmung mit sich selbst, die Willensfreiheit und Selbstkontrolle über eigene Gefühle und Impulse. Selbstbewusstsein zeigt sich darin, dass ich mir dies oder jenes zutraue. Wenn ich der Meinung bin, dass mein Leben hauptsächlich von mir und meinem Verhalten abhängt, dann glaube ich auch, dass ich einen entsprechenden Einfluss ausüben kann, falls es erforderlich ist. Von Identität (im Sinne von „Der ist eine Persönlichkeit“) spricht man, wenn jemand weiß, was er will, wenn er nach außen sichtbar versucht, seinen Interessen und Zielen nachzugehen, wenn er mit seinen grundlegenden Aufgaben und Rollen übereinstimmt und diese mit Leben erfüllt. Die Aufrechterhaltung eines positiven Selbstbildes und eines positiven Selbstbewusstseins ist ein zentraler Bereich innerer Autonomie. Dazu müssen Kränkungen durch andere und die Frage, inwieweit ich mich selbst mit meinen Stärken und Schwächen annehmen kann, immer wieder neu in das Selbstbild und Selbstbewusstsein aufgenommen und verarbeitet werden.
Ein anderer wesentlicher Teil innerer Autonomie betrifft die Selbstkontrolle über Gedanken und Gefühle. Die Angst, die Kontrolle über sich zu verlieren, ist ganz elementar. Sie taucht in Extremsituationen auf, bei starken Gefühlen der Wut und der Angst, evtl. auch in Rauschzuständen. Starke Impulsivität von Gefühlen, seien sie positiver oder negativer Art, gefährden die innere Autonomie. Das kann aber auch beabsichtigt und erwünscht sein.

4.) Äußere Autonomie

Dazu gehören Bedürfnisse nach Wissen und Macht über Umwelt (Natur, Technik) und Menschen. Zentral ist die Erfahrung, etwas beeinflussen und bewirken sowie sich behaupten und durchsetzen zu können. Das gilt für die Beziehung zu anderen Menschen ebenso wie für das Verhältnis zu materiellen oder geistigen Dingen. Das Neugierverhalten im Sinne von

Interesse an neuen Erfahrungen und Erlebnissen sind elementare Antriebe der äußeren Autonomie. Im Extrem geht es um Gipfelerlebnisse, um Nervenkitzel und Sensationen und nicht zuletzt um die Erfahrung eigener Grenzen.

Alle Formen der Bindung und Autonomie können in extremer Weise ausgeprägt sein. Dazu das folgende Schema:

Problematische Extremformen von Bindung und Autonomie

Bindungslosigkeit (z. B. aus Angst vor Nähe und Einengung)	<= passive Bindung => Abhängigkeitswünsche	Abhängigkeitsbeziehung (symbiotische Beziehung)
Gleichgültigkeit gegenüber Hilfebedürftigen	<= Fürsorge =>	Helfersyndrom (bei Verdrängen eigener Bedürfnisse)
Inneres Chaos (Ich weiß nicht, was ich will; habe mich nicht unter Kontrolle)	<= Innere Autonomie =>	Überkontrolliertheit (Verlust jeder Spontaneität)
keine Durchsetzungskraft (kann mich nicht behaupten, kann nichts verwirklichen)	<= Äußere Autonomie =>	Rücksichtslose Durchsetzung, Größenphantasien (Fixierung auf Macht und Leistung)

Um diese problematischen Extremformen zu vermeiden, ist ein Gleichgewicht zwischen den Grundbedürfnissen erforderlich. Ein erster Schritt besteht darin, jede der vier Formen bei sich selbst zu erkennen und miteinander zu integrieren. Zum zweiten Schritt gehört die Frage, kann ich Ja sagen zu diesen Bedürfnissen oder verdränge ich die eine oder andere Seite, weil sie mir peinlich und unangenehm ist.

Die Verdrängung eigener Autonomiebestrebungen beispielsweise aus Angst vor Ablehnung oder wegen zu geringen Selbstvertrauens oder auch nur aus Bequemlichkeit führt zu einer Überbetonung von Abhängigkeitswünschen. Autonomie wird oft als Hauptziel der Persönlichkeitsentwicklung genannt und ist sozial akzeptiert und erwünscht. Schwieriger ist im Allgemeinen der Umgang mit Abhängigkeitsbedürfnissen (Anlehnung, Versorgung, Nähe). Je nachdem wie ich dazu stehe, ergeben sich drei verschiedene Haltungen:

1. Die Haltung der Abhängigkeit:

Ich sage voll Ja zu meinen Wünschen nach Anlehnung, Nähe und Hilfebedürftigkeit, auch dann, wenn ich dafür Probleme und Konflikte in Kauf nehmen muss.

2. Die Haltung der Gegenabhängigkeit:

Aus Angst vor Abhängigkeit und Bindung betone ich die Seite der Unabhängigkeit: Ich brauche niemanden, ich bin auf keinen angewiesen, ich mache alles allein, ich kann alles besser als die anderen.

3. Die Haltung der Abhängigkeit – Gegenabhängigkeit:

Gemeint ist ein Pendeln zwischen Phasen, in denen Abhängigkeitswünsche ausgelebt werden und Phasen, in denen eine Gegenabhängigkeit im Sinne einer Scheinautonomie aufgebaut wird, um diese Abhängigkeitswünsche zu verdrängen bzw. unter Kontrolle zu halten. Ein Betroffener beispielsweise wird nach einer Rückfallphase besonders aktiv und gibt sich stark und selbstbewusst. Nach einiger Zeit kommt es wieder zu einem Rückfall und bislang verdrängte Stimmungen und Wünsche werden voll ausgelebt.

Die Ausformung dieser Grundbedürfnisse hängt nicht nur von ihren wechselseitigen Beziehungen ab, sondern wird auch entscheidend durch die jeweiligen Fähigkeiten (Intelligenz, Wissen, Fertigkeiten, soziale Kompetenzen) zu deren Realisierung und Befriedigung bestimmt. Für das Verständnis eines bestimmten Verhaltens ist es besonders wichtig zu wissen, dass oft mehrere Grundbedürfnisse (Bindung, Sexualität und Autonomie) in einer konkreten Beziehung (etwa einer Liebesbeziehung) zusammenfließen, und diese nur als ein Zusammenspiel der verschiedenen Motive verstanden werden kann.

3.2 Anwendungsbeispiele

Kapitulation vor der Droge Alkohol

Früher werden Sie wahrscheinlich Schwierigkeiten gehabt haben, Ihr Alkoholproblem sich selbst oder anderen gegenüber einzugestehen. Dieses Problem entsteht hauptsächlich dadurch, dass die Kapitulation vor der Droge Alkohol Ihr Selbstwertgefühl in Gefahr bringt, weil Sie ja dann eine Schwäche zugeben, die mehr oder weniger stark als Fehler und Kränkung des eigenen Selbstbildes erlebt wird.

Wechsel zwischen Trink- und Abstinenzphasen

In einer Trinkphase kommen hauptsächlich passive Abhängigkeitsbedürfnisse, wie der Wunsch nach Abschalten und sich Gehen lassen zum Ausdruck, in Abstinenzphasen stehen meist Bedürfnisse der inneren Autonomie, etwa nach verstärkter Selbstkontrolle und der äußeren Autonomie (Durchsetzung und Leistung als Form der Gegenabhängigkeit) im Vordergrund.

Engagement in Selbsthilfegruppen

Wenn Sie dazu neigen, sich in Selbsthilfegruppen besonders nachdrücklich für andere einzusetzen, ist das vermutlich Ausdruck eines ausgeprägten, anderweitig nicht ausgelebten Fürsorgebedürfnisses. Allerdings können dabei noch andere Motive eine entscheidende Rolle spielen: Häufig verbinden sich miteinander der Wunsch nach Nähe, Kontakt und Unterstützung der eigenen Haltung mit dem Grundbedürfnis nach innerer und äußerer Autonomie, das heißt z. B. mit Wünschen nach Ansehen und Anerkennung sowie nach Einfluss auf andere. Hinzu kommt vielleicht, dass Sie sich bei früheren Freunden oder auch bei neuen Personengruppen nicht oder nicht mehr zeigen und einsetzen können, teils wegen der belasteten Vergangenheit (Streit unter Alkoholeinfluss), teils wegen bislang fehlender Gelegenheit oder noch zu geringem Selbstbewusstsein. All das kann zu einer starken Einbindung in Selbsthilfeorganisationen führen und auf Dauer Probleme mit sich bringen, z. B. bei zu starkem Einfluss auf andere Betroffene, bei Vernachlässigung der Familie und von Freunden ohne Alkoholprobleme.

Trennung, Ablösung

Das Ende der Therapie bedeutet, dass verschiedene Beziehungen zu Ende gehen. Das bringt ein Abschiednehmen mit sich: Man erinnert sich noch einmal, versucht, das Erlebte lebendig in Erinnerung zu behalten und erleichtert sich damit den Abschied. Die Trennung ist dann gleichsam nur eine äußere; das Erinnerungsbild verbleibt wie ein Ersatz, der über den Verlust hinwegtrösten soll.

Die Trennung vom Lebenspartner oder von einem Kind gehört zu den schwersten Erfahrungen. Es kommt zu Trauerreaktionen, die manchmal mit aggressiver Gereiztheit, manchmal mit innerer Leere oder mit Selbstmitleid verbunden sind. Damit eine innere Lösung aus einer Bindung erfolgen kann, spricht man von Trauerarbeit, die geleistet werden muss. Das „Loslassen" ist eine wichtige Aufgabe, für Eltern z.B., wenn erwachsene Kinder sich aus dem Elternhaus lösen oder für einen Lebenspartner, wenn eine einseitige, vom anderen Teil betriebene Trennung erfolgt.

Bei der Ablösung vom Partner kommt es häufig zu aggressiven Auseinandersetzungen, die zum Teil den Sinn haben, die Trennung zu erleichtern. Wenn ich die Schwächen und Fehler des anderen in besonderer Weise herausstelle und herausfordere, dann fällt mir eine Trennung leichter. Und umgekehrt: Wenn ich mich selbst wie ein Ekel verhalte, dann wird vielleicht der Partner sich eher von mir trennen. Ein anderer Teil der Aggression entsteht aus der Kränkung des Verlassenwerdens: Ich bin nicht mehr attraktiv für den anderen, ich kann ihm nicht genug bieten. Trennung kann auch als eigenes Versagen in der Partnerschaft aufgefasst werden. Dagegen wird man sich wehren und den anderen anklagen.

Ein weiterer Gesichtspunkt bei der Bewältigung einer Trennung ist die Frage, ob ich mit genügender Zuversicht erwarte, wieder einen Partner zu finden. Ohne eine solche Hoffnung bleibt mir nur die Alternative, allein zu leben. Will ich mich mit einer solchen möglichen Entwicklung überhaupt auseinandersetzen? Unter welchen Umständen könnte ich akzeptieren, allein zu leben? – Aus Angst und Ablehnung des Alleinseins entsteht oft eine innere Unruhe und eine verkrampfte Suche nach einem neuen Lebenspartner.

Weitere Deutungen des Bindungs-Autonomie Modells werden im Folgenden nur stichwortartig aufgeführt:

- Sich äußere Ziele setzen und diese auch verwirklichen, heißt an äußerer Autonomie gewinnen.
- Wenn Sie mehr Selbstkontrolle brauchen, bedeutet das, dass Sie mehr innere Autonomie aufbauen wollen.

- Wenn Sie mehr Selbstbewusstsein erreichen wollen, kann sich dies sowohl auf die innere als auch auf die äußere Autonomie beziehen. Die Frage ist daher, welche der beiden Formen besonders gestärkt werden soll. Geht es Ihnen mehr darum, positiver von sich selbst zu denken (innere Autonomie) oder wollen Sie anderen gegenüber Ihre Ziele besser vertreten und durchsetzen (äußere Autonomie)? Unter Umständen ist jedoch beides annähernd gleich wichtig.
- Wenn Probleme auftauchen in Partnerschaft oder Familie, nachdem Sie aus der Therapie zurückgekommen sind, dann liegt das unter Umständen daran, dass Sie mehr äußere Autonomie beanspruchen, das heißt, mehr Einfluss haben wollen auf das, was sich in Ihrer Familie ereignet. Damit kommt das bisherige Rollensystem in der Familie durcheinander und ein neues Gleichgewicht wird erforderlich.

4. Wie kann ich die Zeit danach nutzen?

4.1 Selbstanalyse

Die Selbstanalyse hat mindestens eine ebenso lange Tradition wie die Psychotherapie. So sind beispielsweise viele Tagebuchaufzeichnungen so zu verstehen. Auch große Therapeuten wie Sigmund Freud haben eine Selbstanalyse betrieben, z. B. die Analyse eigener Träume. Er hat dabei viele Anregungen für die Entwicklung seiner Therapiemethoden erhalten. Eine Selbstanalyse kann bei leichteren Problemen und Konflikten durchaus ausreichend sein. In jedem Fall ist sie eine Ergänzung und Bereicherung. Sie trägt auch dazu bei, dass andere Hilfeangebote besser genutzt werden können. Die Selbstanalyse führt zu mehr Klarheit und Einsicht bezüglich des eigenen Verhaltens und der eigenen Situation, allein schon dadurch, dass Sie selbst Ihre Probleme oder Konflikte in Worte fassen und damit einen besseren Überblick bekommen. Sie brauchen aber nicht alles im Detail zu verstehen. Auch bei größter Mühe werden manchmal Unklarheiten und Zweifel bestehen bleiben. Das ist nicht weiter ungewöhnlich und soll Sie nicht am nächsten Schritt, nämlich dem aktiven Handeln hindern.

Eine Selbstanalyse kann jedoch auch die Funktion und Folge haben, dass Sie dadurch die Begegnung mit anderen Personen und die Annahme von Hilfe für die Bewältigung der eigenen Konflikte und Probleme vermeiden. Inwieweit diese Bedeutung der Selbstanalyse bei Ihnen eine Rolle spielt, sollten Sie kurz bedenken.

Manche Betroffene haben eine umfangreiche autobiographische Darstellung über ihren Weg in die Sucht und wieder aus dieser heraus geschrieben. Auch das ist als eine Selbstanalyse zu verstehen und hat sicher zur Stabilisierung ihrer Abstinenz beigetragen. In der Therapie wird dieser Ansatz häufig genutzt, indem jeder Betroffene zu Beginn der Therapie einen ausführlichen persönlichen Lebenslauf verfassen soll, der natürlich wesentlich kürzer gehalten ist als eine Autobiographie.

Bei der Selbstanalyse ist das Schreiben das zentrale Medium. Das bedeutet, dass Sie am Schreiben Gefallen haben sollten oder vielleicht mit der Zeit daran Gefallen finden. Oft kann nur ein Ausprobieren klären, ob das Schreiben über eigene Probleme Ihnen etwas bringt oder nicht.

Persönlicher Lebenslauf, biographische Selbstanalyse

Wenn Sie nicht schon während der Behandlung einen persönlichen Lebenslauf geschrieben haben, sollten Sie das bei nächster Gelegenheit nachholen. Eine Anregung dafür, wie ein solcher Lebenslauf aussehen könnte, finden Sie im Anhang auf den Seiten 176–177. Durch die Darstellung Ihrer Erlebnisse und Erfahrungen werden Sie sich Ihrer Vergangenheit ein Stück weit bewusster, und vielleicht zeigt sich manche Frage wie z. B. das Verhalten der Eltern oder des Partners in einem anderen Licht. Durch das Niederschreiben sehen Sie Ihr bisheriges Leben vor sich auf dem Papier wie das eines guten Freundes und Sie bekommen auf diese Weise einen größeren Abstand zu Ihren Konflikten und Schwierigkeiten. Freilich brauchen Sie dafür Zeit und Ruhe, und das ist vermutlich das größte Problem. Außerdem stellt sich die Frage, wie soll ich meinen persönlichen Lebenslauf gliedern und gestalten. Ein Vorschlag für eine Gliederung ist im Anhang beschrieben.

Tagebuch

Vielleicht haben Sie früher schon einmal eine Weile ein Tagebuch geführt oder Sie haben sich vorgenommen, später einmal damit anzufangen. Wenn Sie solche Gedanken haben, ist es am besten, sie auch auszuprobieren. Fangen Sie ohne großes Zögern damit an. Sie werden bald merken, wie sich beim Schreiben allmählich mehr Klarheit einstellt, Sie bewusster handeln und Sie sich insgesamt entspannter fühlen. Durch das Ausdrücken von Gefühlen und Ängsten bekommen Sie mehr Abstand zu Ihren Problemen und Konflikten.

Ein Tagebuch bringt insgesamt eine größere Bewusstheit in Ihr Denken und Handeln. Wenn Sie einmal damit begonnen haben, sollten Sie das mindestens über drei Monate regelmäßig fortführen, damit Sie die positive Wirkung auf sich selbst besser abschätzen können.

Selbstanalyse von Träumen

Träume lassen sich selbst analysieren, auch wenn es manchmal nicht einfach ist, und Sie nicht jeden Teil des Traumes voll verstehen werden. Der erste Schritt einer Traumanalyse besteht in der Aufzeichnung von Träumen, die sonst nicht leicht in Erinnerung zu behalten sind. Deshalb empfiehlt es sich, diese so schnell als möglich, zumindest stichwortartig in ein Traumheft zu schreiben. Danach wird man versuchen, eigene Einfälle zu dem Traum zu sammeln, zu vertiefen und schließlich eine vorläufige Deutung zu entwickeln. Im Anhang sind zum Vorgehen eine Reihe von Punkten angeführt, ebenso Literatur dazu.

Fragelisten

Wenn Sie die Fragen der Prüfliste (siehe Abschnitt 2.5) für sich beantwortet haben, haben Sie bereits eine Form der Selbstanalyse durchgeführt. An diese Form der Selbstanalyse wird oft zu wenig gedacht. Die aufgelisteten Fragen sind eine systematische Sammlung sehr unterschiedlicher Aspekte und Problembereiche. Sie sind als Anregung für eine Selbstanalyse zu verstehen, nicht als ein schematisches Vorgehen mit fester Auswertung und Vergleichswerten, wie es bei Fragebogentests üblich ist.

Selbstanalyse aktueller Probleme und Konflikte

Wenn Sie ein aktuelles Problem haben, mit dem Sie nicht fertig werden, dann ist es in jedem Fall nützlich, sich schriftlich damit auseinanderzusetzen. Eine strukturierte Vorgehensweise ist in dem nachfolgenden Kasten dargestellt:

Ansätze einer fokussierten Selbstanalyse

A) Kurze Beschreibung der Problemsituation oder des aktuellen Konflikts sowie der eigenen Reaktionen und Gedanken dazu.

B) Auflisten von Vor- und Nachteilen: Was spricht für diese Sichtweise oder Entscheidung, was für jene?

C) Schematisches Vorgehen Dazu gehört:
- In welcher Situation, unter welchen Umständen taucht das unerwünschte Verhalten auf?
- Wie fasse ich die Situation auf, wie beurteile ich sie?
- Wie reagiere ich darauf, was tue ich oder was mache ich nicht?
- Welche Folgen ergeben sich daraus, sowohl kurzfristig als auch langfristig?

Eine Selbstanalyse ersetzt keine Psychotherapie und keine Erfahrung in Selbsthilfegruppen. Sie kann Ihnen aber bei leichteren Problemen ganz gut weiterhelfen und sie trägt in jedem Fall zu einer größeren Bewusstheit und Klarheit eigenen Verhaltens bei.

4.2 Das Problem, sich zu ändern

Wenn Sie das Ziel haben, in Ihrem Erleben und Verhalten etwas zu ändern, dann werden Sie wahrscheinlich die Erfahrung gemacht haben, dass dies auch in einer Therapie nicht wie von selbst geht. Eine offene Haltung dem Therapieangebot gegenüber, alles über sich ergehen zu lassen, aber nicht selbst aktiv zu werden, hat zwar auch einen positiven Effekt im Sinne von neuen Erfahrungen sammeln oder als Zeit der Entspannung und Erholung, sie führt aber in der Regel nicht zu echten Veränderungen, die Bestand haben und in die eigene Persönlichkeit aufgenommen werden.

Der nächste Abschnitt dient dazu, dass Sie sich über Ihre Veränderungsbereitschaft Klarheit verschaffen. Als erstes können Sie überlegen, wie Ihre Ausgangssituation aussieht.

Die Bereitschaft, sich zu ändern, entsteht meist in einer der drei folgenden Ausgangssituationen:

1.) Aus einer Kapitulation heraus:

Ich bin völlig am Ende, so kann es nicht weiter gehen. Ich habe nichts mehr zu verlieren. Ich bin ganz unten, weiter abwärts kann es kaum gehen.

Das ist eine Situation, wie Sie sie vielleicht vor der Entwöhnungsbehandlung erlebt haben.

2.) Aus einer Position der Stabilität und des Selbstvertrauens heraus:

Sie fühlen sich sicher und fähig, eine Änderung ihres Verhaltens ausprobieren zu können. Sie experimentieren vielleicht mit Ihrer Kleidung und Ihrem Lebensstil. Sie beurteilen den Erfolg oder Misserfolg der Änderung und richten sich danach. Sie sind unter Umständen auch bereit, ein Risiko einzugehen.

Das ist vielleicht eine Situation, wie sie sich nach der Entwöhnungsbehandlung eingestellt hat.

3.) Aus einer Situation des Vertrauens und der engen Bindung an eine andere Person:

Sie haben volles Vertrauen zu einer zentralen Bezugsperson oder zu einer als sehr anziehend erlebten Persönlichkeit. Sie können sich für sie begeistern, Sie schließen sich ihr innerlich an und identifizieren sich mit ihr. Eine solche Situation kann sich auch in einer Liebesbeziehung entwickeln oder auch aus der Begeisterung für eine Sache heraus. Die Gefahr einer solchen Einstellung ist eine zu starke Bindung und Abhängigkeit, so dass drohende Enttäuschungen und realitätsverzerrende Einseitigkeiten nicht rechtzeitig erkannt werden.

Als Sie sich zur Abstinenz entschlossen haben, haben Sie eine grundlegende Änderung Ihres Verhaltens vorgenommen. Sie waren in einer der drei Ausgangspositionen, wahrscheinlich in Position 1. Wenn Sie bei sich selbst etwas ändern wollen, ist Position 2 am günstigsten. Versuchen Sie etwas Neues auszuprobieren. Das können kleine Änderungen sein, wie eine halbe Stunde früher aufzustehen oder abends weniger häufig oder weniger lange vor dem Fernseher zu sitzen.

Die nachfolgende vier Schritte erleichtern die Durchführung von konkreten Änderungen in Ihrem Verhalten:

1.) Was will ich wirklich?

Begnügen Sie sich nicht mit Aussagen wie: Ich möchte zufriedener oder glücklicher werden. Oder: Ich möchte dieses oder jenes Verhalten einschränken oder ganz abstellen. Will ich etwas vor allem deshalb ändern, weil mein Partner mich unter Druck setzt? Will ich ihn nur beschwichtigen, oder will ich es auch aus eigener Überzeugung? Im Idealfall spüren Sie volle Übereinstimmung mit dem Änderungsziel.

2.) Wie sieht das neue Verhalten konkret aus, das das alte ergänzen oder ersetzen soll?

Es kommt darauf an, sich möglichst konkret, bildhaft und realistisch das erwünschte Verhalten vorzustellen. Indem Sie das tun, erhöht sich die Wahrscheinlichkeit, dass Sie diese Verhaltensweise auch tatsächlich verwirklichen können.

3.) Was werde ich gewinnen, was verlieren?

Wie viel Zeit und Kraft will ich dafür aufwenden (konkret: wie viele Tage in der Woche oder im Monat)? Was bin ich bereit, dafür aufzugeben? Wenn Sie etwas ändern, geben Sie vielfach eine alte Verhaltensweise auf, die Ihnen lange Zeit wertvoll war. Das fällt schwer. – Bin ich dazu bereit? Ich überlege, was ich dafür gleichzeitig auch gewinnen werde. – Wenn Sie sich fragen, wie es sein wird, wenn Sie das gewünschte Verhalten zeigen, wie die anderen auf Sie reagieren werden, dann finden Sie zu einer Entscheidung, zu der Sie stehen können.

4.) Wenn die innere Entscheidung gefallen ist, heißt es, nach dem Motto zu handeln: „Es gibt viel zu tun, packen wir es an."

Eine Veränderung Ihres Verhaltens und Erlebens erfolgt nicht von selbst, sondern erfordert oft ein längeres Durchhalten, bis dieses neue Verhalten zu einer guten Gewohnheit geworden ist.

Für die ersten beiden Schritte sind oft Gespräche nützlich, sei es mit einem Therapeuten oder mit selbst Betroffenen, sei es mit Freunden. Diese Schritte können nur Sie selbst tun. Auch in einer Therapie heißt es aktiv zu werden, um die Angebote und Möglichkeiten im Sinne einer Selbsthilfe zu nutzen. Selbsthilfe aber bedeutet nicht, alles von sich aus entscheiden und immer nur allein auf sich gestellt handeln zu müssen, sondern sich aktiv dort Unterstützung und Hilfe zu holen, wo sie angeboten wird. Auf diese aktive Haltung, angebotene Unterstützung zu suchen und in Verhaltensänderung umzusetzen, soll noch näher eingegangen werden.

Neben einer klaren Entscheidung und einer guten Portion Durchhaltevermögen ist diese aktive Bereitschaft sehr hilfreich, die verschiedenen Angebote von Hilfen und Unterstützung für sich zugänglich und verfügbar zu machen und sich ein kleines Netz von Stützpunkten aufzubauen. Mit Hilfeangeboten sind hier nicht nur Beratung und Therapie gemeint, sondern vor allem auch das Hilfepotential in den Beziehungen zum Partner, zu Freunden und Kollegen. Jeder von ihnen wird eine Fähigkeit, ein Wissen oder sonst eine Eigenschaft haben, die für Sie günstig und nützlich sein könnte. Gemeint sind aber auch die zahlreichen Informationen, Ratgeber und Programme in Büchern und Massenmedien über Selbsthilfe für die verschiedensten Probleme z. B. bei Angst, Unsicherheit oder Depression, die Sie in vielen Buchhandlungen vorrätig finden.

Welche Freunde oder Bekannte oder welche Therapieangebote kann ich bei welchen Problemen als Hilfe heranziehen? – Wenn Sie dabei das Gefühl bekommen, den anderen auszunutzen, dann sollten Sie sich zunächst fragen, ob Sie sich vielleicht schämen, dieses oder jenes nicht zu wissen oder nicht zu können und Sie deshalb zögern, Hilfe anzunehmen. Sie können aber auch in eine Situation geraten, in der Sie von jemandem zuviel Hilfe erwarten. Versuchen Sie dann diese Erwartung auf zwei oder mehr Personen zu verteilen.

Auch gibt es niemanden, der für alles zuständig ist und Ihnen in jeder Lage helfen kann, auch wenn man sich vielleicht einen solch allwissenden Helfer und Ratgeber wünschen mag.

Sie werden kaum irgendwo eine komplette Lösung für Ihr Problem finden, aber das ist auch gar nicht nötig. Meist ist gar nicht der ganz individuelle Schlüssel zur Lösung Ihres Problems erforderlich, sondern ein geeigneter Generalschlüssel oder „Dietrich“ genügt schon, um die Tür zur Lösung Ihres Problems zu öffnen. Oder Sie suchen nach einzelnen Lösungskomponenten Ihres Problems, die Sie dann selbst zu Ihrer Entscheidung und zu Ihrer individuellen Lösung zusammenfügen.

Der Veränderungsprozess

Es gibt wahrscheinlich mehr Wege in die Sucht hinein als wieder aus ihr heraus. Die Entwöhnungstherapie ist eine Art gemeinsame Wegstrecke, die Sie mit anderen Betroffenen zurückgelegt haben. Dabei sind die Veränderungslinien jedes einzelnen in ähnlich verlaufende Richtungen gedrängt worden, wie durch einen Trichterhals hindurch. Hinterher laufen die Linien wieder stärker auseinander.

Auch wenn jeder seinen eigenen Weg finden muss, so gibt es doch nicht beliebig viele Richtungen. Die Hauptrichtungen werden im Folgenden skizziert:

Grundpositionen der Annahme von Hilfe:

- Ich gehe ganz allein meinen Weg und brauche keine Unterstützung für die Bewältigung meines Suchtproblems, auch nicht für eventuelle, andere Konflikte und Probleme.
- Ich gehe allein meinen Weg, mir genügt die Hilfe von Freunden und Bekannten.
- Ich brauche für meinen Weg aus der Sucht neben der Unterstützung durch Freunde auch die Hilfe von Selbsthilfegruppen.
- Ich gehe meinen Weg, brauche aber auch für eine gewisse Zeit die professionelle Unterstützung durch Beratung bzw. Therapie im Sinne einer Hilfe zur Selbsthilfe.

Verschiedene Wege können aus der Sucht führen. Sie sollten sich aber bewusst machen, welchen Weg Sie einschlagen wollen oder schon eingeschlagen haben, damit Sie die Hindernisse und Schwierigkeiten auf Ihrem Weg besser erkennen.

Nur Du allein kannst es schaffen,
aber Du schaffst es nicht allein.
Ralf Schneider

Jeder Weg hat seine Vor- und Nachteile. Wenn Sie allein Ihren Weg gehen wollen, so kann das folgendes bedeuten:

Grundpositionen der Ablehnung von Hilfe:

- Es kann mir ja doch keiner helfen, also muss ich allein zurechtkommen.
- Ich muss allein mit allem fertig werden, weil ich sonst als schwach erscheine und die Zuneigung und Anerkennung der anderen verliere.
- Ich bin stark genug, um allein mit allem fertig zu werden.

Wenn Sie solche Einstellungen oder Haltungen von sich kennen, haben Sie sicherlich Ihre guten Gründe dafür. Überlegen Sie einmal, welche Erfahrungen damit zusammenhängen. Auf Dauer sind solche Haltungen aber deshalb problematisch, weil Sie dann ganz auf sich allein gestellt sind und Sie sich dabei früher oder später überfordern.

Wenn Sie bereit sind, Hilfe in Anspruch zu nehmen, dann kann das bedeuten:

- Ich brauche Anregung und Unterstützung durch andere, weil ich allein meine Situation zu eingeengt sehe und mein Blickfeld erweitern möchte.
- Ich bin bereit, von anderen das für mich Nützliche zu lernen.
- Ich möchte, dass andere für mich etwas tun, weil es für mich allein zu schwierig oder zu belastend ist.

Die ersten beiden Einstellungen sind für Änderungen sicher positiv zu bewerten. Die dritte Haltung lässt sich nur individuell beurteilen. Sie kann eine realistische Einschätzung Ihrer derzeitigen Lage sein, sie kann aber auch aus Müdigkeit und Bequemlichkeit hervorgegangen sein.

Manches von dem, was in den nachfolgenden Abschnitten dargestellt wird, kommt Ihnen vielleicht bekannt vor und wurde während der Therapie bereits durchgearbeitet. Trotzdem ist es recht nützlich, sich das eine oder andere noch einmal in Erinnerung zu rufen.

4.3 Probleme mit Suchtmitteln im Alltag

Besonders dem Alkohol, aber auch den verschiedensten Medikamenten und Drogen werden Sie im Alltag ständig begegnen. Darauf gilt es sich einzustellen. Hinsichtlich des Problems Alkohol ist entscheidend, allmählich andere Trinkgewohnheiten ohne Alkohol zu entwickeln, die nicht nur eine Notlösung darstellen, sondern es sollten Getränke sein, mit denen Sie etwas Positives verbinden können. Der Kult und die Pflege des Weines haben zwar in unserem Kulturkreis nichts Vergleichbares bei nichtalkoholischen Getränken, dennoch ist gut vorstellbar, dass sich das vergleichsweise geringe kulturelle Umfeld für nichtalkoholische Getränke weiter entwickelt. Auch Kaffee und Tee haben ihre Vielfalt an Sorten und Zubereitung; sie haben eine lange Kulturgeschichte, die Sie entdecken können.

Probleme mit Suchtmitteln

An dem Grundsatz der AA: „Einmal Alkoholiker, immer Alkoholiker" kann man sich reiben und stoßen. Ihn zu akzeptieren ist für viele nicht leicht, selbst nach einer Entwöhnungsbehandlung nicht, wenn die Erinnerung an die „nasse" Zeit, an all die Probleme und Konflikte und an die Therapie allmählich wieder verblasst und alles wieder in Ordnung erscheint. Das Suchtgedächtnis ist wahrscheinlich nicht zu löschen, aber dauerhaft mit geringem Aufwand unter Kontrolle zu halten. Von Zeit zu Zeit kann man sich die Frage stellen: Akzeptiere ich, dass ich keinen Alkohol trinken kann? Das kann zur Überprüfung eventueller, problematischer Änderungen dienen, es kann darin aber auch der Zweifel zum Ausdruck kommen, ob ich denn weiterhin völlig ohne Alkohol leben muss.

> Im Übrigen gilt: Der Alkoholkonsum ist das Risiko eines erneuten Absturzes nicht wert.

Chance zur Abstinenz

Abstinenz ist häufig, aber auch Rückfälle sind häufig. Daher ist es realistisch und nützlich, davon auszugehen, dass die Chancen für Abstinenz bzw. für Rückfall 50 zu 50 stehen. Einerseits soll man den Teufel – das ist in diesem Falle der Alkohol – nicht an die Wand malen, sonst kommt er tatsächlich, sagt der Volksmund. Andererseits sollte man deswegen nicht Vogel-Strauß-Politik betreiben und den Kopf in den Sand stecken.

Sie haben gute Chancen, abstinent zu bleiben,

- wenn Sie Ihre Abstinenz nicht an irgendwelche Bedingungen knüpfen (z. B.: Wenn ich dieses oder jenes Problem erst überwunden habe, dann ...)
- wenn Sie sich Ihre eigenen Haltungen und Einstellungen, die sehr zwiespältig sein können, von Zeit zu Zeit wieder bewusst machen (z. B. bei Besuchen einer Selbsthilfegruppe).

> Eine problematische Grundhaltung besteht, wenn Sie sich sagen:
>
> Ich bleibe trocken,
> - wenn ich einen Partner habe,
> - wenn ich nicht mehr in frühere Notlagen komme,
> - wenn ich mich selbst verwirklichen kann.

Ich kann aber unter Umständen nicht den richtigen Partner finden, meine Vorstellungen nicht so umsetzen, wie ich mir das wünsche, ich kann wieder in frühere Notlagen kommen, es kann mir wieder einige Zeit lang schlecht gehen und so fort, und all das bedeutet, dass ich dann wieder anfange zu trinken und der Teufelskreis wieder von vorne beginnt?

Im Übrigen gilt: Der Alkoholkonsum ist das Risiko eines erneuten Absturzes nicht wert.

Eine solche Abstinenzhaltung unter Vorbehalt bedeutet auch, dass Sie sich völlig von äußeren Ereignissen abhängig machen. Die Alternative ist, sich zu sagen:

> Es komme, was da wolle! In jedem Fall gibt es einen Weg ohne Alkohol. Ich will und brauche ihn nicht mehr, um mit Schwierigkeiten fertig zu werden.

Wenn Sie das noch nicht mit Überzeugung sagen können, kommt es darauf an, es sich einzugestehen. Es wäre sogar gefährlich, sich etwas vorzumachen und dann – ohne es recht zu merken- in eine Rückfallphase hineinzuschlittern. Um eine stabile Abstinenz zu erreichen, ist es wichtig zu wissen, welche Einstellungen dafür günstig und welche problematisch sind. Wenn Ihnen das bewusst ist, können Sie besser selbst entscheiden, in welche Richtung Sie sich entwickeln wollen.

Warnsignale für Alkoholgefährdung

Ein Rückfall kann plötzlich und überraschend kommen, häufig aber ist es ein schleichender Prozess, der die Abstinenzhaltung aufweicht und in Frage stellt, bis es dann zu einem offenkundigen, scheinbar plötzlichen

Rückfall kommt. Es gibt eine Reihe von Warnsignalen, die darauf hinweisen, dass eine Alkoholgefährdung sich entwickelt oder bereits vorhanden ist.

Solche Warnsignale sind:

- Alte Krisensituationen tauchen auf, die früher mit Alkohol durchgestanden wurden.
- Gedanken und Phantasien über Alkohol
- Alkoholträume
- Einkauf alkoholischer Getränke ohne bestimmten Zweck
- Nachdenken über alkoholfreies Bier, alkoholfreien Wein oder bereits entsprechender Konsum

Keines der Warnsignale muss notwendigerweise zu einem Rückfall führen. Die meisten sind mehrdeutig. Sie sollten aber zum Anlass genommen werden, sich ernsthaft zu fragen: Wie stehe ich zu meiner Alkoholabstinenz? – Will ich überhaupt noch abstinent leben? – Möchte ich ausprobieren, ob ich nicht doch Alkohol trinken kann wie die übrigen 95 % der Bevölkerung?

Entscheidend ist, sich das Für und Wider von Abstinenz und erneutem Trinkversuch vor Augen zu halten, am besten schriftlich auf einem Blatt Papier. Wenn Sie die Vor- und Nachteile aufgelistet haben, können Sie eine bewusste Entscheidung treffen, mit der Sie voll übereinstimmen. Ganz gleich wie sie ausfällt, Sie haben sich klar und eindeutig entschieden und tragen die Verantwortung für die Folgen.

Machen Sie sich die Abstinenz so leicht wie möglich und nur so schwer wie unbedingt nötig. Vorsicht gegenüber dem Alkohol ist aber besser als nach einem Rückfall Schuldgefühle und Abscheu gegen sich selbst. Im Übrigen gilt: Der Alkoholkonsum ist das Risiko eines erneuten Absturzes nicht wert.

Wie überwinde ich einen Suchtanfall?

Es kommt nicht selten vor, dass nach einer Phase der Abstinenz ohne den leisesten Wunsch nach Alkohol plötzlich wieder ein starkes Verlangen danach auftritt. Dabei kann es auch zu einem rauschähnlichen Zustand kommen (Trockenrausch) oder es wird auch manchmal so erlebt, als ob Entzugserscheinungen auftreten würden (protrahiertes Entzugssyndrom). Einem Suchtanfall geht in der Regel eine längere unbemerkte Entwicklung voraus, die im nächsten Abschnitt dargestellt wird.

Entwicklungen zum Rückfall

Es gibt verschiedene Entwicklungslinien, bis es zu einem Rückfall kommt. Drei Entwicklungsvarianten sollen kurz beschrieben werden.

Variante 1:

Alles läuft zunächst gut. Sie fühlen sich stärker als je zuvor. Sie denken sich: Nur das kleine Defizit, nichts zu trinken unterscheidet mich von den meisten anderen. Das kann doch nicht sein. Außerdem kann ich das Risiko durchaus eingehen. Ich merke ja, wie ich darauf reagiere. Dann kann ich immer noch aufhören. Solche und ähnliche Gedanken können ablaufen, oft wenig bewusst und klar. Hinzu kommt vielleicht das eine oder andere der oben erwähnten Warnsignale. Zunächst ist nur wichtig, einen solchen Prozess bewusst wahrzunehmen, ohne Beschönigung und Verdrängung. Solche Gedanken sind häufig. Entscheidend ist, wie ich damit umgehe, für was ich mich dann entschließe.

Variante 2:

Sie gehen ganz in Ihrer Arbeit auf. Oder Sie sind als Helfer in einer schwierigen Beziehung bis zur Erschöpfung engagiert. Auf Dauer ist alles anstrengender, als Sie es sich gedacht haben. Der innere Druck und das Verlangen einmal auszubrechen werden immer stärker. Vielleicht können Sie diesem Druck einige Zeit standhalten, indem Sie ihn einfach verdrängen, ihn nicht wahrhaben wollen, weil Sie keinen anderen Weg sehen. Alkohol könnte in einer solchen Situation einen scheinbaren Ausweg versprechen, aber das ergäbe keinen geordneten Rückzug, sondern einen problematischen Ausbruchversuch.

Variante 3:

Der Alltag ist wohlgeordnet und verläuft nach einem starren Muster. Sie erleben die Ordnung und das Gleichmaß als langweilig und einengend. Es wächst der Wunsch auszubrechen, etwas völlig anderes zu tun oder zu erleben. Der Alkoholkonsum bot früher vielleicht eine gute Möglichkeit dazu. Jetzt aber gibt es andere Möglichkeiten des Ausbrechens oder der allmählichen Änderung, die vielleicht erst zu entdecken sind.

Ein Suchtanfall lässt sich verstehen als plötzlich durchbrechender Drang nach Entspannung und Abschalten, als Ausbruch aus einer Phase intensiver Anspannung, sei es in der Arbeit oder sei es in der Beziehung zu anderen Personen. Der Drang zum Ausbruch kann auch in einer Phase allzu geordneten Gleichlaufs im Alltag entstehen. In jedem Fall ist das Erkennen entscheidend, dass diesen impulsartigen Wünschen ein berechtigtes Anliegen zugrunde liegt. Wenn Sie ein solches anfallartiges Verlangen nach Alkohol bei sich schon erlebt haben, dann sollten Sie sich fragen: Wohin will ich eigentlich ausbrechen? Was will mir der Wunsch nach Alkohol eigentlich sagen, welcher Zustand soll erreicht werden? Brauche ich dazu unbedingt die Alkoholwirkung? Wenn plötzlich ein starkes Verlangen nach Alkohol auftritt, ist es das Wichtigste, sich innerlich „Stopp“ sagen zu können. Blitzartig sollte danach die Vorstellung der negativen Folgen auftauchen (z.B. Verlust der Arbeit, der Familie, Verfall des Denkens). Und schließlich geht ein solches Verlangen bald wieder vorüber. Ich werde dann anschließend froh und stolz sein, diesen Kampf gewonnen zu haben. Im Übrigen gilt: Der Alkohol ist das Risiko eines Absturzes nicht wert.

Wie kann ich eine Rückfallsituation bewältigen?

Ein Betroffener berichtet: Der Tag vor dem Haus war wunderschön, die Arbeit im Garten machte mir Spaß. Ich stimmte mit mir und der Welt vollkommen überein. Plötzlich überkommt mich ein Verlangen nach Alkohol. Gleichzeitig erinnere ich mich an eine frühere Situation, wie ich zu meiner Partnerin gegangen bin und sie um einen Schluck Wein gebeten habe, teils fordernd, teils bettelnd und wie dann diese Trinkphase mit einer Entgiftung im Krankenhaus endete. Das wievielte Mal schon seit der Entlassung aus der stationären Entwöhnungsbehandlung, fragte er sich. Er weiß, dass dieses Verlangen nach kurzer Zeit wieder vorübergeht und kommt darüber hinweg.

Der Rückfall passiert im Kopf

Rückfall ist natürlich nicht gleich Rückfall. Die Bezeichnung „Rückfall" lässt schon die Bewertung erkennen, dass damit immer gesagt wird: Das ist schlecht und ungünstig für mich und für meine soziale Umgebung. Was ist ein Rückfall? – Ist die berühmte Schnapspraline oder die Rotweinsoße zum Burgunderbraten schon ein Rückfall? Oder ist ein versehentlicher Schluck Wein schon ein Rückfall?

Der Rückfall bei geringen Alkoholmengen wird primär im Kopf gemacht: Es ist entscheidend, wie ich den Konsum kleiner Mengen innerlich verarbeite. Wenn ich mir sage, da spüre ich doch gar nichts, ich habe weder ein Verlangen, mehr Alkohol zu trinken, noch fühle ich mich auch nur im leisesten berauscht, dann ergibt sich daraus der Beginn eines schwerwiegenderen Rückfalls, auch wenn es einige Wochen, vielleicht sogar Monate gut gehen kann. Dass ich zunächst keine oder kaum eine Alkoholwirkung spüre, ist zwar eine Tatsache, dass es aber ein Beweis sein soll für die Ungefährlichkeit, ist eine subjektive, fatale Deutung.

Bei größeren Alkoholmengen (mehr als ein Glas) ist der Schritt zurück in alte Trinkgewohnheiten meist nicht mehr weit. Die Alkoholwirkung ist bereits spürbar, dennoch kommt der inneren Verarbeitung ebenfalls entscheidende Bedeutung zu. Oft folgen einer Trinkphase wieder Zeiten der Abstinenz oder des scheinbar kontrollierten Trinkens, bis sich allmählich wieder die alte Trinksituation einstellt.

Abneigung, sich mit dem Alkoholproblem auseinanderzusetzen

Muss ich mich denn ständig mit dem Suchtproblem auseinandersetzen? Ist es nicht an der Zeit, dieses Problem zu den Akten zu legen? Wer dies bereits unmittelbar nach einer Entwöhnungsbehandlung tut, läuft Gefahr, etwas bei sich zu verdrängen. Entscheidend ist, dass mit der Zeit dem Alkohol von selbst keine Bedeutung mehr zukommt, auch wenn das Suchtgedächtnis erhalten bleibt. In der ersten Zeit danach ist es aber nutzlich, sich immer wieder die Frage zu stellen: Stimme ich mit der Abstinenzrolle noch überein oder möchte ich ausprobieren, ob ich nicht wieder normal trinken könnte, nachdem es mir jetzt wieder so gut geht? Langfristig ist entscheidend, dass die Abstinenz zu einer selbstverständlichen Gewohnheit wird.

Im Übrigen gilt: Der Alkoholkonsum ist das Risiko eines Absturzes nicht wert.

Wie komme ich aus einem Rückfall wieder heraus?

Einige Grundsätze der Anonymen Alkoholiker erscheinen hier besonders hilfreich und werden nachfolgend zusammen mit anderen Hinweisen dargestellt.

Hinweise

- Die Abstinenz ist das wichtigste Ziel, ohne Abstinenz kann ich die anderen Probleme nicht lösen.
- Kann ich akzeptieren, dass ich gegenüber dem Alkohol machtlos bin? – Es genügt zunächst, sich zu sagen, ich bin zumindest zur Zeit machtlos. Eine klare Entscheidung kann ich erst treffen, wenn ich wieder eine Weile abstinent war.
- Die 24-Stunden-Regel:
  Ich sage mir, dass ich jeweils die nächsten 24 Stunden ohne Alkohol auskommen will. Alles andere hat Zeit für später.
- Mit jemandem reden, dem ich vertraue:
  Ich versuche mit jemandem über meine augenblickliche Situation zu sprechen, und vereinbare kurzfristig ein Gespräch (oder Telefonat), solange ich meine Rückfallgefahr noch als hoch einschätze.
- Ich sollte mich zwischendurch fragen:
  Will ich wirklich aus dem Alkoholrückfall heraus? – Wenn die innere Antwort nein lautet, dann gleich weiterfragen: Was hält mich fest?
- Es sollte kein Alkohol im Hause sein. Das erleichtert es, kritische Situationen des Alkoholverlangens durchzustehen.
- Ich sollte an die negativen Konsequenzen des früheren Alkoholmissbrauchs denken und sie mir möglichst bildhaft vorstellen.

- Wenn ich aufhöre zu trinken, tue ich das in erster Linie für mich und dann erst für andere. Wenn die Abstinenz für mich allein aber keinen Sinn macht, dann ist es zunächst auch gut, es für andere zu tun.
- Brauche ich Hilfe und kann ich Hilfe akzeptieren?
  Hilfe aktiv zu suchen und anzunehmen und die für mich wichtigen und brauchbaren Anregungen herauszufinden, ist meine eigene Leistung.

Im Übrigen gilt: Der Alkoholkonsum ist das Risiko eines Absturzes nicht wert.

Umsteigen auf Ersatzdrogen

Es kann zu unterschiedlichen Umsteigeeffekten kommen, einmal in Richtung Medikamente (z. B. Beruhigungsmittel, Schmerzmittel, Aufputschmittel) oder in Richtung auf andere Tätigkeiten, die dann im Übermaß ausgeübt werden (siehe Absatz über die nicht stoffgebundenen Süchte auf Seite 111). Auch das Rauchen von Tabak kann sich verstärkt haben und eine Ersatzdroge sein. Ein Umsteigen auf Medikamente ist in jedem Fall sehr bedenklich.

Medikamente

Sie haben unterschiedliche Wirkung im Hinblick auf eine Abhängigkeitsentwicklung. Es gibt solche, die nicht zu einer Abhängigkeit führen (z. B. Neuroleptika), und es gibt andere Gruppen von Medikamenten, die noch schneller als Alkohol eine erneute Abhängigkeit hervorrufen (z. B. Opiate). Wenn jemand starke Schmerzen nach einer Operation hat und deswegen Schmerzmittel per Infusion bekommt, dann ist das normalerweise für den Betroffenen überhaupt kein Problem, wenn er dies innerlich nicht in Richtung Sucht verarbeitet. Kritischer wird es dagegen, wenn der Betroffene im Krankenhaus lernt, regelmäßig ein Schlafmittel zu nehmen. Schlaf- und Beruhigungsmittel aller Art für welche Situation auch immer, vom Arzt verschrieben oder nicht, stellen ein ernsthaftes

Problem dar. Es gibt natürlich Übergangsfälle wie z.B.: Darf ich Schmerztabletten nehmen nach einem operativen zahnärztlichen Eingriff? Es ist natürlich leicht zu sagen, dass es besser wäre, keine zu nehmen. Nur bei klaren Schmerzzuständen, deren Ursachen eindeutig körperlicher Art sind, und die schwer erträglich sind, erscheint eine auf den Schmerzzustand begrenzte Einnahme von Schmerzmitteln unproblematisch.

Tabak

Jeder Raucher weiß, dass Rauchen für seine Gesundheit sehr schädlich ist. Im Gegensatz zum Alkohol sind aber die negativen Auswirkungen in Partnerschaft, Familie und Beruf nicht so erheblich. Die Schädlichkeit des passiven Mitrauchens führte und führt in der Gesellschaft zu einer abnehmenden Toleranz gegenüber dem Rauchen (siehe Rauchergesetze in Deutschland). Die negative Wirkung von Tabak erscheint weniger dramatisch. Dennoch ist Rauchen sehr häufig auch eine Sucht. Sie haben sicher die Erfahrung gemacht, dass viele, die den Alkohol aufgegeben haben, zumindest zeitweilig deutlich mehr Zigaretten geraucht haben. Die innere Unruhe und Spannung, die durch das Fehlen von Alkohol mitbedingt ist, verstärkt das Verlangen nach Tabak, dessen Wirkung Beruhigung verspricht. Vielleicht sind Sie gerade in der Situation, auch das Rauchen aufgeben zu wollen. Vielleicht sagen Sie sich aber auch: Jetzt habe ich schon den Alkohol aufgegeben und nun soll ich auch noch mit dem Rauchen aufhören. Das ist mir zuviel. In jedem Fall hat die Alkoholabstinenz Vorrang vor der Bewältigung von Tabakmissbrauch. Wichtig ist, dass Sie eine klare, bewusste Entscheidung treffen und dabei den persönlichen Nutzen und die Risiken des Rauchens abwägen. Wenn Sie ein starker Raucher sind (20 Zigaretten und mehr), sollten Sie dies als Zeichen übergroßer Anspannung, innerer Unruhe und Stress sehen und sich ernsthaft darum bemühen, sich mit diesen Spannungen auseinanderzusetzen und nach den Ereignissen und Gedanken fragen, die Sie beunruhigen. Sie werden in jedem Fall davon profitieren.

Es empfiehlt sich, zunächst einmal mit Hilfe eines Fragebogens zum Rauchen (siehe Anhang) abzuklären, wo Sie hinsichtlich einer Suchtentwicklung stehen. Ab einer mittleren Abhängigkeit (ab 3–4 Punkte) sollten Sie sich Gedanken machen, ob Sie nicht auch das Rauchen aufgeben wollen. Im Übrigen ist jede Zigarette schädlich. Wenn Sie das Rauchen aufgeben wollen, haben Sie nach der Bewältigung des Alkoholproblems gute Voraussetzungen, auch das Rauchen unter Kontrolle zu bringen. Sie können im Prinzip alles, was Sie über Alkohol gelernt haben, auch auf den Tabakmissbrauch übertragen. Es gibt eine Fülle von Selbsthilfe-Literatur, aus denen Sie nützliche Anregungen gewinnen können (siehe z. B. Carr, 1992).

Nicht stoffgebundene Süchte

Dazu gehören Spielsucht, Arbeitssucht („workaholics"), Liebessucht und anderes (siehe Grüsser & Thalemann, 2006, Groß, 2000). Auch Sport und Fitness-Training können in süchtiger Form betrieben werden. Nach und neben dem Alkoholmissbrauch treten bei Frauen nicht selten Esssucht (Bulimie) und Magersucht (Anorexia nervosa) auf. So können nach der Bewältigung des Alkoholproblems verstärkt Essstörungen in Form von Heißhunger auftreten oder es zeigt sich eine Magersucht (Symptome: sehr niedriges Körpergewicht, geringe Nahrungsaufnahme, verzerrtes Schlankheitsideal). Auch wenn es Selbsthilfegruppen für Essprobleme gibt und diese sicher nützlich sind, sollte zusätzlich an eine professionelle Therapie gedacht werden, insbesondere bei einer Tendenz zur Magersucht (siehe auch Anhang 8.4, Seite 180).

Hinsichtlich einer eventuellen Glücksspielsucht tragen vor allem zwei Fragen zur Klärung einer Abhängigkeit bei (Lie-Bet Screen, Johnson et al. 1997)

1. Haben Sie jemals das Bedürfnis gespürt, um immer mehr Geld zu spielen?
2. Haben Sie jemals Menschen, die Ihnen wichtig waren, über das Ausmaß Ihres Spielens belügen müssen?

Wenn Sie eine oder beide Fragen positiv beantworten, ist die Wahrscheinlichkeit sehr groß, dass Sie abhängig vom Glücksspiel sind und Sie sollten eine entsprechende Beratungsstelle zur weiteren Klärung aufsuchen.

Manche Fachleute sagen, jede Tätigkeit könne zur Sucht entarten, gleichgültig ob ein Suchtmittel vorhanden ist oder nicht. Grundsätzlich ist das richtig. Aber nicht jede Sucht ist gleich gefährlich. Es macht schon einen Unterschied, ob ein Suchtmittel unmittelbar auf das Zentralnervensystem einwirkt und darüber hinaus als Gift die Organsysteme angreift oder ob ein Verhalten wie Fernsehen oder Internetspiele exzessiv betrieben wird, was natürlich auch zu negativen Folgen führt (Vernachlässigung notwendiger Tätigkeiten, Konflikte mit anderen in der Familie, u.s.w.).

Die Spielsucht im Internet ohne Geldeinsatz ist vor allem durch sozialen Rückzug in eine künstliche Welt und einem Realitätsverlust charakterisiert. Das gilt es, zunächst einmal sich bewusst zu machen. Wenn Angehörige sich darüber beklagen, dass Sie zuviel Zeit damit verbringen, nehmen Sie diesen Vorwurf ernst. Prüfen Sie selbst Ihren tatsächlichen Zeitaufwand (1) und suchen sie nach Alternativen (2). Wenn Ihnen das nicht gelingt, suchen sie am besten gleich den Kontakt zu einer entsprechenden Beratungsstelle.

Ein wichtiger Unterschied zwischen stoffgebundenen und nicht stoffgebundenen Süchten besteht in dem Abstinenzziel bei den stoffgebundenen Süchten. Bei einer Arbeitssucht oder bei einer Esssucht ist eine Abstinenzforderung unsinnig, bei der Spielsucht ist die Abstinenzforderung umstritten, aber wahrscheinlich auch die beste Lösung. Theoretische Überlegungen über die Sucht führen nicht weiter. Wenn Sie den Alkohol unter Kontrolle haben, haben Sie auf jeden Fall das wichtigste Ziel geschafft. Danach sollten Sie hinsichtlich eines eventuellen Tabakproblems eine Entscheidung treffen. Probleme mit dem Glücksspiel sollten Sie, ebenfalls sehr ernst nehmen und mit Hilfe einer Beratungsstelle klären. Wenn andere nicht stoffgebundenen Süchte auftreten, können Sie diese Probleme mit mehr Gelassenheit anpacken. Bei schweren Essstörungen und insbesondere bei Magersucht sollten Sie sofort oder wieder Kontakt mit einer entsprechend erfahrenen Beratungsstelle oder einem Arzt mit Fachkenntnissen über Essstörungen aufnehmen (Adressen siehe Anhang).
Viele Prinzipien und Erfahrungen, die Sie bei der Bewältigung des Alkoholmissbrauchs gelernt haben, können Sie auch auf andere Suchtprobleme übertragen, sich klar und eindeutig entscheiden.

4.4 Selbstbild (Selbstbewusstsein, Selbstwertgefühl)

Wie ich mich selbst sehe, hat einen starken Einfluss auf mein aktuelles Erleben und Verhalten, und das wiederum beeinflusst mein Selbstbild: ein Kreislauf also. Wenn ich etwas ändern will, muss ich irgendwo einsteigen. Wegen der zahlreichen sozialen Probleme und Misserfolge im Zusammenhang mit dem früheren Alkoholmissbrauch ist Ihr Selbstbewusstsein wahrscheinlich ein gutes Stück schlechter geworden (Kriterien für Selbstbewusstsein siehe Seite 152). Vielleicht war es aber auch schon vorher labil und negativ. Möglicherweise haben Sie zwei verschiedene Selbstbilder: einmal sind Sie ganz von sich überzeugt und haben große Pläne, dann sehen Sie sich wieder ganz unten, glauben nichts mehr schaffen zu können, alles geht schief und Sie fühlen sich als Versager, als Müll und Schrott. – Wie man sich selbst sieht, hängt auch erheblich von dem Idealbild ab, das man gerne sein möchte. Wenn Sie sich in einer Situation sehr negativ erleben, dann wird vermutlich der Wunsch entstehen, das nächste Mal besonders gut, besonders nett oder besonders hübsch zu sein, um für den früheren Misserfolg oder für die frühere Kränkung einen Ausgleich zu finden.

Wenn Sie sich in einer Situation als Versager erleben, sollten Sie sich fragen, ob die Enttäuschung nicht deshalb so groß ist, weil Sie besonders hohe Erwartungen an sich selbst gestellt haben. Umgekehrt gilt aber auch: Wenn Sie besonders hohe Ansprüche haben, können diese auch aus großen Entbehrungen und Enttäuschungen herrühren? Beispiel: Jemand ist von verschiedenen Partnern enttäuscht worden und braucht deshalb ein übergroßes Maß an Sicherheit als Vorleistung, z. B. in der Weise, dass der andere ihn ohne jeden Vorbehalt mag.

Für die Entwicklung und Aufrechterhaltung eines guten Selbstwertgefühls gibt es einige Grundeinstellungen, deren Festigkeit Sie für sich überprüfen können. Die Formulierung dieser Grundeinstellungen erscheint zunächst ungewohnt und banal, weil sie als selbstverständlich angenommen werden und normalerweise kaum überdacht werden. Versuchen Sie, sich trotzdem einmal darauf einzulassen.

Ich bin

Ich bin wirklich da, mit meinem Körper, meinen Sinnen und Bedürfnissen. Man kann sich an mir stoßen und reiben, aber ich bin da und existiere. Man kann mich mögen oder auch nicht, ich existiere.

Die Bejahung der eigenen Existenz ist für die meisten eine Selbstverständlichkeit. Wenn aber die Erfahrung da ist – keiner mag mich, ich bin unerwünscht, jeder geht über mich hinweg und trampelt auf mir herum – dann können leicht grundlegende Zweifel dieser Art auftreten.

Übung:

Sagen Sie innerlich für sich und dann immer lauter und lauter
ich bin, ich bin, ich bin ...

Sie werden spüren, dass sich ein Gefühl der Stärke und Entschlossenheit einstellt.

Ich brauche

Ich habe Bedürfnisse, ich bin nicht nur da und lebe dahin, sondern ich habe ganz bestimmte Wünsche und Ziele, die über die Befriedigung von Hunger und Durst hinausgehen. Vielleicht muss ich sie erst noch genauer entdecken, aber sie sind da. Ich darf sie auch haben, ich darf sie zum Ausdruck bringen und verwirklichen. Wichtig dabei ist, sie nicht aus den Augen zu verlieren und sich zeitweise mit diesen Wünschen zu identifizieren. Nur dann ergeben sich daraus Handlungen, die zu diesen Zielen hinführen. Zu den eigenen Wünschen sollte ich stehen können, auch und gerade gegenüber anderen. Sie wollen auch gefördert und gepflegt sein. Bin ich bereit dazu? Setze ich mich wirklich für mich selbst ein? Sich selbst anzunehmen und aktiv für sich etwas tun, ist keine Selbstverständlichkeit, wie es zunächst erscheinen mag. Bei sozial weniger erwünschten Ansprüchen, wie z. B. „ich stehe gern im Mittelpunkt“ oder „ich brauche das Gefühl besser zu sein als alle anderen“, fällt es schwer, sich innerlich und nach außen dazu zu bekennen. Aber das ist notwendig, zum Teil natürlich deswegen, um diese Ansprüche zu verwirklichen, zum Teil aber auch, um sie an die Wirklichkeit anzupassen und, falls nötig, zu verändern.

Darf ich auch den Anspruch haben, dass meine Wünsche erfüllt werden? Das kann manchmal problematisch werden. Ein Beispiel: Wenn Sie zur Zeit allein sind und sich nichts sehnlicher wünschen als einen Partner, dann haben Sie natürlich keinen Rechtsanspruch darauf, den Sie bei irgend jemanden, etwa bei Ihren Eltern, einklagen könnten. Natürlich wissen Sie das. Trotzdem ist aber häufig das Gefühl da: Das steht mir doch zu, andere haben auch einen Partner und sehen viel weniger attraktiv aus als ich. Warum klappt es bloß bei mir nicht? – Solche und ähnliche Gedanken weisen auf wiederholte Enttäuschungen und schließlich auf Verbitterung und Selbstmitleid hin. Dahinter können aber auch große Ansprüche an einen Partner versteckt sein, der genau so sein soll, wie Sie es sich wünschen, auch wenn Ihnen das zunächst gar nicht so deutlich ist. Achten Sie auf solche versteckten Ansprüche, erkennbar oft nur an heftiger Kritik anderen Personen gegenüber, vor allem gegenüber anonymen Gruppen wie den Frauen oder den Männern, dem Staat, der Kirche oder der Gesellschaft. Diese anonymen Gruppen kann man leichter verantwortlich machen als bestimmte Personen, mit denen Sie ständig zu tun haben. Sie eignen sich für Schuldzuweisungen besonders gut, weil sie sich nicht wehren können. Manchmal ist eine solche Entlastung hilfreich, sie lenkt aber auf Dauer zu sehr von eigener Verantwortung und von eigenen Defiziten ab, vor allem auch davon, dass Ihnen Vertrauen fehlt, sowohl zu sich selbst als auch zu anderen und ganz generell zum Leben und zur Welt im Sinne eines fehlenden Urvertrauens.

Ich habe das Recht, Fehler zu machen

Ich werde nicht alles perfekt machen. Es ist so gut wie sicher, dass ich Fehler machen werde, so wie ich sie auch früher gemacht habe. Ich werde zwar versuchen, alles so gut wie nur möglich zu tun, aber perfekt wird es nur selten sein. Die anderen erwarten auch gar nicht von mir, dass ich alles perfekt mache. Im Gegenteil, sie sind manchmal ganz froh, wenn ich nicht so perfekt bin.

Kann ich Fehler zugeben, die Verantwortung für deren Folgen übernehmen und trotzdem zu mir stehen und mich selbst akzeptieren?

Gegen Kritik kann man sich weder schützen
noch wehren,
man muss ihr zum Trotz handeln
und das lässt sie sich nach und nach gefallen.

Goethe

Ich bin liebenswert

Es gibt einige Leute, die mich so mögen, wie ich bin. Das muss aber nicht heißen, dass andere auch über meine Fehler und Schwächen hinwegsehen. Ich habe meine positiven und attraktiven Seiten. Aber nicht jeder muss mich mögen. Ja, es kann Leute geben, die mich ablehnen. Kann ich das ertragen?

Sie werden beim Lesen gespürt haben, inwieweit Sie mit einer dieser vier Grundaussagen zum Selbstbild Schwierigkeiten haben. Welche können Sie leichter, welche schwerer akzeptieren?

Zu einem realistischen Selbstvertrauen gehört auch das, was in dem berühmten Gelassenheitsspruch der Anonymen Alkoholiker zum Ausdruck kommt.

Dieser Spruch als Gebet formuliert wird dem amerikanischen Theologen Reinhold Niebuhr (1892–1971) zugeschrieben, wahrscheinlich ist er aber älteren Ursprungs (z.B. ältere Hausinschrift in Deutschland laut Photo im Internet). Manche ordnen ihn auch dem deutschen Pietisten Friedrich Christoph Oetinger (1701–1782) zu, seine Grundzüge finden sich aber bereits in der Tradition der griechischen Philosophenschule der Stoiker (Epiktet).

Gott gebe mir

- die Gelassenheit, die Dinge hinzunehmen, die ich nicht ändern kann,
- den Mut, Dinge zu ändern, die ich ändern kann,
- und die Weisheit, das eine vom anderen zu unterscheiden.

Vielleicht lesen Sie diese ganz zentrale Lebensweisheit noch einmal Teil für Teil langsam durch. Versuchen Sie, sich dabei bewusst zu machen, welche Gefühle dafür oder dagegen auftreten. Wenn Sie mit dem Hinweis auf Gott nichts anfangen können, lassen Sie diesen Bezug weg oder formulieren Sie ihn um (z.B.: Ich wünsche mir die Gelassenheit ...). Achten Sie dabei aber auch auf den Unterschied, wenn Sie den Bezug auf Gott weglassen.

Wichtig ist zunächst die Unterscheidung zwischen den Dingen, die in meinem eigenen Einflussbereich liegen, die ich also ändern kann, und jenen Dingen, die außerhalb meines Einflussbereiches liegen und die ich deshalb nicht ändern kann. Das zu unterscheiden ist nicht immer leicht. Aber allein die Frage zu stellen, ist vielfach schon hilfreich, weil dies mehr Abstand zu dem immer wieder erfolglosen Versuch bedeutet, ein bestimmtes Problem unbedingt lösen oder einen bestimmten Menschen unbedingt ändern zu wollen. Die Gelassenheit im Sinne der Bereitschaft, nicht änderbare Situationen und Gegebenheiten anzunehmen, bedeutet, sich nicht unnötig unter Druck zu setzen und nicht mit dem Kopf durch die Wand zu wollen.

Eins steht in unserer Gewalt,
ein anderes nicht.
In unserer Gewalt steht unser Denken,
unser Tun, unser Begehren, unser Meiden –
alles was von uns selber kommt.
Nicht in unserer Gewalt steht unser Leib,
unsere Habe, unsere äußere Stellung –
alles was nicht von uns selber kommt.
Epiktet

Problem der Sinnlosigkeit

Wenn ich mir bewusst bin, etwas Sinnvolles zu tun, dann gibt mir das Kraft und Energie, auch große Schwierigkeiten zu überwinden und schmerzhafte Phasen durchzustehen. Umgekehrt schwächen Gedanken der Sinnlosigkeit meine Bereitschaft zu handeln und meine Fähigkeit, Dinge zu erleben und zu genießen.

Das Gefühl der Sinnlosigkeit steht oft in Zusammenhang mit einem schwerwiegenden Ereignis, wie der Tod eines Lebenspartners oder eine schwere Krankheit. Es kann sich aber auch ganz allmählich entwickelt haben.

Wie jedes Gefühl enthält auch die Sinnlosigkeit eine Botschaft, die von mir als Betroffener gehört werden will. Sie will mir etwa sagen, was an meinen Erwartungen und Vorstellungen unrealistisch und utopisch ist.

Sie drückt vielleicht gleichzeitig aus, dass ich die Realität oder meine große Enttäuschung über mich und andere nicht annehmen will und deshalb nicht davon loskomme.

> Sinnlosigkeit kann bedeuten:
>
> - Beständige Zweifel, ob meine Mühe und Anstrengung für etwas oder für jemanden sinnvoll oder nützlich sind.
> - Hoffnungslosigkeit darüber, dass keine Änderung der gegenwärtigen Unzufriedenheit oder Notsituation eintritt.
> - Ohnmacht, etwas ändern zu können.
> - Mangelnde Bereitschaft, nicht mehr veränderbare Tatsachen anzunehmen, so wie sie sind.
> - Antriebslosigkeit als fehlendes Interesse und mangelnde Lust am Leben.

Wofür ist es gut, Mühen und Schmerzen zu erleiden und auszuhalten? – Weil ich dadurch das angestrebte Ziel doch noch erreiche, weil sie wieder vorbeigehen werden, weil es meine Aufgabe ist, damit fertig zu werden, weil ... weil ...? – Es sind viele Begründungen denkbar, die Sie aber jeweils für Ihre Situation entwickeln müssen. Eine Begründung ist aber nicht nur eine Frage der Phantasie, sondern hauptsächlich eine Frage der Entscheidung, sie auch finden zu wollen.

Zur Bewältigung der Sinnlosigkeit weist man in der Logotherapie (einer Psychotherapieschule nach Viktor Frankl, z. B. Frankl, 2007 20. Auflage) auf drei Wege hin:

1. Durch Handeln etwas vollbringen:

Eine Tat, ein Werk, auch wenn es zunächst klein und unscheinbar sein mag. Das können auch Routinetätigkeiten sein, was besonders dann wichtig ist, wenn Sie sonst immer Großes von sich gefordert haben. Ein Werk kann auch sein, ein Essen zu bereiten, eine Tat kann die Entscheidung sein, jemandem zu helfen oder etwas zu sagen, was man lange Zeit nicht sagen konnte.

2. Durch Erleben von etwas oder von jemandem:

Natur erleben, eine Landschaft, einen Baum oder eine Blume auf sich wirken lassen, sich darauf konzentrieren und aktiv schauen und entdecken, ohne gezieltes Nachdenken und Überlegen. Die Zuneigung oder Liebe zu einer Person kann eine Lebenssituation völlig verändern. Aber man sollte nicht darauf warten oder gar darauf beharren, dass sich dies ereignet, um damit aus dem Zustand der Sinnlosigkeit erlöst zu werden.

3. Durch Änderung der eigenen Haltung und Einstellung in einer Situation, die nicht mehr änderbar ist:

Sich selbst kann man leichter beeinflussen als ein äußeres Ereignis oder als einen Mitmenschen. Wenn ein belastendes Lebensereignis geschehen ist, dann ist es nicht mehr änderbar. Auch andere Menschen können nicht gegen ihr Einverständnis grundlegend beeinflusst werden, sie sind in ihren positiven und negativen Seiten in der Regel als nicht veränderbare Realitäten anzusehen.

Wenn Sie wollen, können Sie sehr leicht, mit einigen wenigen Fragen, den Sinn von allem und jedem in Frage stellen. Wenn Sie dies häufiger tun, dann sollten Sie sich klar machen, wozu Ihnen dies nützt und welche Erwartungen und Enttäuschungen zu dieser Situation geführt haben. Trotz aller Zweifel und trotz aller Enttäuschung kann sich dabei das Gefühl einstellen, über allen Dingen zu stehen und alles zu durchschauen.

Die Frage nach dem Sinn kann sich jemand auch stellen trotz großer äußerer Lebenslust und Vitalität als Frage nach einem übergeordneten letzten Sinn. Damit wird jedoch der Zuständigkeitsbereich der Therapie überschritten, das ist Sache der Metaphysik und der Religion (siehe Abschnitt 7 „Religion und Sucht“ – Seite 164 und Folgende).

4.5 Probleme im Kontakt mit anderen

Gute Beziehungen in der Partnerschaft und zu anderen in der Familie, im Freundeskreis oder zu Arbeitskollegen können die Bewältigung vieler Probleme und Schwierigkeiten erleichtern. Ich brauche Beziehung zu anderen Menschen, aber nicht nur bei Problemen, sondern vor allem auch um Spaß und Freude miteinander zu haben oder um diese oder jene Idee zu realisieren. Wenn Sie immer wieder Schwierigkeiten mit anderen bekommen, sei es im Rahmen einer Partnerschaft oder im Beruf im Umgang mit Vorgesetzten, Kollegen oder Mitarbeitern, dann lohnt es sich, diesen einmal nachzugehen.

„Störungen haben Vorrang“. So lautet ein Prinzip der Themen zentrierten Interaktion (TZI) nach Ruth Cohn (1973), welche vor allem für die Strukturierung von Gruppenarbeit entwickelt worden ist.

Schwierigkeiten im Beruf können sein:
- Konzentrationsprobleme
- Schwierigkeiten mit Vorgesetzten: Sich nicht unterordnen können, z. B. hinsichtlich Regeln, Terminen und Abläufen
- Über- oder Unterforderung bei beruflichen Aufgaben
- Schwierigkeiten im Umgang mit Mitarbeitern: nur leistungsorientiert, Unterordnung fordernd, unfreundlich versus nachgiebig, ängstlich
- Schwierigkeiten im Umgang mit Kollegen: Sich selbst isolieren, Mobbing durch Kollegen und Vorgesetzte (Abwertung, Isolierung, Bedrohung)

Wenn das eine oder andere auf Ihre berufliche Lage zutrifft und Sie bereit sind, sich intensiver damit zu beschäftigen, werden Sie auch erfolgreich etwas ändern können. Wenn nicht, lassen Sie sich beraten, suchen Sie sich einen Coach oder Psychotherapeuten.

Schwierigkeiten mit Freunden können sein:
- Ich habe keine Freunde.
- Ich kann keinen Kontakt zu anderen finden.
- Ich fühle mich ständig unterlegen.
- Ich kann mich nicht durchsetzen.
- Ich möchte immer besser sein als andere.
- Ich komme immer wieder in Streit.
- Ich finde Freunde oft langweilig und uninteressant.
- Ich bestimme zu sehr über meine Freunde, so dass diese sich zurückziehen.
- Ich erlebe immer wieder große Enttäuschungen in Beziehungen, sei es in der Partnerschaft oder mit Freunden.

**Die Fähigkeit,
Freundschaft zu gewinnen,
ist unter allem,
was Weisheit zur Glückseligkeit beitragen kann,
bei weitem das Bedeutendste.**
Epikur

Ich kann keinen Kontakt zu anderen finden

Sie haben die Erfahrung gemacht, dass Beziehungen und Freundschaften schnell wieder auseinander gehen. Das kann viele Gründe haben. Nachfolgend einige Überlegungen dazu:

Zunächst einmal ist zu berücksichtigen, dass mein Verhalten gegenüber anderen einerseits durch meine Haltung mir selbst gegenüber (Selbstbewusstsein, Selbstwertgefühl), andererseits auch durch meine Einstellung anderen gegenüber bestimmt wird. Zum Selbstwertproblem wurden früher bereits die vier Grundeinstellungen dargestellt (siehe Seite 113–116). Hier soll hauptsächlich danach gefragt werden, welche Einstellung und Haltung ich anderen Menschen gegenüber habe.

Dazu zwei Fragen:

1.) Wie wichtig ist mir ein guter Kontakt zu anderen?

Um das konkreter einschätzen zu können, sollten Sie sich überlegen, wie viele Stunden Sie pro Tag oder pro Woche dafür aufwenden möchten. Manchmal ist das überraschend wenig im Vergleich zur Wichtigkeit des Problems.

2.) Kann ich die Nähe anderer aushalten oder wird sie mir unangenehm, weil ich mich dadurch eingeengt fühle?

Wenn Ja, wie?
Das Gefühl des Eingeengtseins können Sie ändern, wenn Sie sich fragen, was Sie selbst im Kontakt mit dem anderen möchten, was Ihre Vorstellungen von einem guten Gespräch sind. Wenn Sie das ungefähr wissen, versuchen Sie einmal, ein Gespräch in Ihre Richtung zu beeinflussen, indem Sie ein Thema ansprechen, das Sie selbst interessiert. Probieren Sie Neues aus und sammeln Sie Erfahrungen.

Zu einer realistischen Haltung gegenüber anderen gehört:

- Jeder Mensch hat eine positive Seite, die es zu entdecken gilt.
- Ich muss nicht mit jedem so gut auskommen, dass eine Freundschaft entsteht.
- Nicht jeder muss mich mögen und schätzen.
- Es gibt schon einige, die mich mögen.
- Ich bin nicht völlig von der Beziehung zu einer ganz bestimmten Person abhängig.
- Für eine Freundschaft muss ich auch etwas tun.
- Jede Beziehung ist Schwankungen unterworfen.

Problematische Haltungen anderen gegenüber sind:

- Ich bin immer besser als die anderen, ich weiß immer alles besser.
- Im Grunde kann ich keinem vertrauen.
- Ich will nur Freunde, die besser sind als ich.
- Jeder muss mich mögen, ich bin doch so nett oder ich bin doch so toll.
- Ich muss immer alles selber tun.
- Es gibt den idealen Partner für mich. Ich muss nur danach suchen.
- Ich muss den anderen immer überlegen sein.
- Ich will in einer Beziehung immer bestimmen, wo es lang geht.
- Ich muss in einer Beziehung immer mehr geben als der andere.
- Ich kann jemanden grundlegend verändern.

Der letzte Punkt schließt keineswegs aus, dass Sie auf jemanden in einer bestimmten Situation Einfluss haben. Bei einigen Menschen werden Sie mehr mit wohlwollender Kritik, bei anderen mehr mit echt gemeinter Anerkennung und Unterstützung erreichen können. Das bedeutet aber nicht, dass Sie den Kern seiner Persönlichkeit ändern.

Versuchen Sie herauszufinden, zu welcher Einflussstrategie Sie selbst neigen und welche nach Ihrer Erfahrung nützlicher ist. Sie werden entdecken, welche Haltung sie bei ihren Problemen und Konflikten in der Regel einnehmen und welche Ansätze zur Änderung sich ergeben. Nachdenken allein hilft aber nicht. Probieren geht über Studieren, heißt ein altes, etwas hausbacken scheinendes Sprichwort.

Ich fühle mich ständig unterlegen

Bei diesem Problem kommt natürlich dem Selbstwertgefühl, auf das im Abschnitt 4.4 (Selbstbild – Selbstbewusstsein, Selbstwertgefühl) schon näher eingegangen wurde, eine entscheidende Bedeutung zu. Im Sich-Vergleichen mit anderen erscheint die nachfolgende Lebensweisheit besonders nachdenkenswert. Dies gilt auch für jemanden, der sich in der Regel anderen überlegen fühlt.

Es gibt keinen,
der nicht in irgendetwas
der Lehrer des anderen sein könnte.
Gracian

Überlegen Sie, in welchem Bereich Sie jemand anderem gegenüber Lehrer sein könnten. – Versuchen Sie, auch umgekehrt am Beispiel eines Bekannten, der Ihnen wenig wichtig erscheint, zu überlegen, was er Ihnen voraus hat oder was er Ihnen beibringen könnte.

Das Wenige,
was ich tun kann,
kann viel sein.
Albert Schweitzer

Ich kann mich nicht durchsetzen

Stellen Sie sich einmal vor, wie Sie sich fühlen und welche Folgen sich ergeben würden, wenn Sie alle Ihre Wünsche und Vorstellungen in Ihrem Leben durchgesetzt hätten.

Sicher würden Sie sich freuen und sich selbstbewusster fühlen, aber es käme wahrscheinlich auch zu einigen unerwünschten Folgen. Sie setzen sich dabei vielleicht über die Wünsche Ihres Partners oder Ihrer Eltern hinweg, sie stoßen sie vor den Kopf, verletzen sie und verlieren deren Zuneigung. Oder sie verlieren Ihren Ruf als toleranter, großzügiger, hilfsbereiter und angenehmer Zeitgenosse. Bin ich bereit, das unter Umständen in Kauf zu nehmen?

Solche unerwünschten Folgen sind wahrscheinlich die Gründe dafür, dass Sie Schwierigkeiten haben sich durchzusetzen. Andere Gründe finden Sie im vorausgegangenen Abschnitt 4.4 „Selbstbild (Selbstbewusstsein, Selbstwertgefühl)".

Ich möchte immer besser sein als andere

Das ist das Spiel vom ständigen-Gewinnen-müssen. Wenn ich gewinne, kommt bald die nächste Situation mit demselben Spiel. – Will ich jedes Mal diese Spannung und Ungewissheit? – Brauche ich wirklich so sehr dieses Gefühl, immer der Bessere zu sein?

In den meisten Fällen können Konkurrenten nur wirklichen Gewinn daraus ziehen, wenn sie den jeweils anderen anerkennen und kooperieren. Dabei ist der Triumph vielleicht geringer, aber dafür gewinnen Sie an Sicherheit, weil Sie sich auf diese Weise keine geschlagenen Gegner schaffen, die nur auf die Chance einer Revanche oder Genugtuung warten.

Im Übrigen ist es keine Schande, Dinge immer besser machen zu wollen. Es ist vielmehr eine unverzichtbare Quelle ständiger Neuerung und Weiterentwicklung.

Ich komme immer wieder in Streit

Weil Sie vielleicht von Ihrem Standpunkt immer fest überzeugt sind und sich durchsetzen wollen? – Recht haben wollen deutet darauf hin, dass Ihr Selbstwertgefühl leicht verletzbar ist und Sie das Gefühl, Recht zu haben, brauchen wie ein Hungernder die Nahrung. Oder Sie haben die Vorstellung: Wenn ich nachgebe, bin ich der Verlierer, und das ist unter allen Umständen zu vermeiden. Oder Sie haben den Anspruch, die Wahrheit zu besitzen, die dann auch der andere voll zu übernehmen hat.

Ein anderer Grund für Streit kann sein, dass Sie sehr schnell mit Kritik und Vorwürfen reagieren. Wenn es Ihnen gelingt, mehr von sich selbst, von Ihrer Kränkung oder Ihren Befürchtungen zu sprechen, wird Ihr Gesprächspartner nicht so schnell in eine Verteidigungsposition hineinkommen.

Ein zunächst theoretisch erscheinender Lösungsansatz für ständigen Streit mit anderen besteht darin, zwischen einer Beziehungsebene (Wie stehe ich zu meinem Gegenüber? Will ich der Überlegene sein? Respektiere ich den anderen oder werte ich ihn ab? u. ä. m.) und einer Sachebene (Was ist das konkrete Problem oder was ist die Sache?) zu unterscheiden. Wenn Sie in einem Streit diese Ebenen auseinander halten können, werden Sie eine bessere Form der Auseinandersetzung finden.

Jeder Dumme
ist fest überzeugt
und jeder fest Überzeugte
ist dumm.
Gracian

Wenn Sie eine begründete, feste Meinung haben, bedeutet diese eine Stärke für Sie. Jede Meinung hat aber auch ihre Voraussetzungen und Grenzen. Diese zu kennen ist auf jeden Fall nützlich. Es wird Ihnen dann leichter fallen, andere Standpunkte anzuerkennen und neben Ihren eigenen bestehen zu lassen. Im Übrigen können Sie darauf vertrauen, dass sich langfristig gesehen immer der bessere Ansatz durchsetzen wird, weil er der Wirklichkeit am nächsten kommt.

Ich finde meine Freunde und Bekannten oft langweilig und uninteressant

Der Weise schätzt alle,
weil er in jedem das Gute erkennt
und weiß, wie viel dazu gehört,
eine Sache gut zu machen.
Gracian

Möglicherweise unterscheiden Sie scharf zwischen dem, was zu Ihren Vorstellungen passt und dem, was nicht dazugehört, und Sie möchten sich ganz auf Ihre eigenen Ziele und Interessen konzentrieren. Dann wird für Sie alles andere uninteressant, was nicht unmittelbar damit im Zusammenhang steht. Oder Sie erwarten, dass alles Interessante gleich an Sie herangetragen wird oder sofort offen zutage liegt. – Das ist natürlich nicht so. Sie brauchen Geduld und Entdeckerfreude, um das Positive am anderen zu erkennen.

Ich bestimme über meine Freunde

Vielleicht hat man Ihnen einmal gesagt, Sie seien zu sehr bestimmend oder gar herrschsüchtig anderen gegenüber. Manchmal entwickelt sich eine solche dominierende Haltung ganz allmählich. Sie haben z. B. vieles organisiert, immer wieder Vorschläge für Reisen und andere Unternehmungen gemacht und durchgeführt. Man hat sich gerne auf Sie verlassen und gleichzeitig immer mehr Aktivität und Einsatz von Ihnen erwartet. Sie wissen und können vielleicht mehr als viele andere, und das brachte Ihnen Erfolg und Selbstbewusstsein. Es machte Freude, Einfluss und Macht zu haben und das verdoppelte Ihre Anstrengung. Gleichzeitig ist aber eine solche Haltung auf lange Sicht schwierig und anstrengend. Zum Ausgleich dieser Mühen entstehen offene oder versteckte große Ansprüche und Forderungen, die nicht selten ungeduldig und gereizt vorgebracht werden. Solche fordernden Verhaltensweisen rufen wiederum als Gegenreaktion Unmut, Auflehnung und Ärger hervor, und damit sind Auseinandersetzungen vorprogrammiert.

4.6 Umgang mit Gefühlen

Gefühle bestimmen unser Erleben und Verhalten in verschiedenster Weise: Sie motivieren uns, dieses zu tun und jenes, etwa aus Angst zu lassen, sie weisen darauf hin, was positiv und was negativ ist, sie sind eng mit unserem Denken und unserer Phantasie verknüpft, sie können unseren Körper krank machen oder heilen.

Gefühle sind körperlich-seelische Zustände. Sie sind genauso bedeutsam wie unser Denken und Wollen. Gleiche Gefühle z. B. Angst können im Rahmen verschiedenster Grundbedürfnisse auftreten. Gefühle wollen etwas mitteilen und zum Ausdruck bringen. Wir sollten sie zu Wort kommen lassen und sie beachten, auch wenn ihre Botschaften einmal unangenehm sind. Was etwa will mir meine Angst sagen, wovor will sie mich warnen?

Wir beschränken uns auf Grundgefühle, die vor allem für die Grundbedürfnisse Bindung und Autonomie sowie für das Zusammenleben mit anderen eine wesentliche Rolle spielen.

Wir unterscheiden als positive Grundgefühle:

- **Sicherheit und Geborgenheit**

In Ihren Trinkzeiten haben Sie wahrscheinlich wenig auf Sicherheit geachtet und dadurch vieles aufs Spiel gesetzt und vieles verloren. Eine hohe Risikofreudigkeit hat aber auch eine starke, positive Seite, nämlich hohe Einsatzbereitschaft sowie die Neigung, Neues zu entwickeln und auszuprobieren. In diesem Zusammenhang wird jedoch mehr das Sicherheitserleben angesprochen. Sicherheit als Urvertrauen und als materielle Absicherung ist die Basis für unser Wohlbefinden.

Zum Urvertrauen gehört die Zuversicht, dass Sie letzten Endes finden werden, was Sie für Ihr Leben brauchen und dass Sie auch die notwendigen Grundfähigkeiten haben, um für sich Zufriedenheit zu entwickeln. Einerseits aus dem Grundgefühl der eigenen Sicherheit und andererseits aus dem Bedürfnis nach Sicherheit und Nähe erwächst ein Verhalten des Vertrauens oder auch des Misstrauens, das Sie anderen entgegenbringen. Sich in Beziehungen sicher und geborgen fühlen, hat Zuverlässigkeit und Treue als Grundlage.

Das Sicherheitsgefühl braucht aber auch eine materielle Basis. Sie können sich fragen: Welche Bedeutung haben für mich Absicherungen in den Bereichen Arbeit (z. B. Sicherheit des Arbeitsplatzes), Krankheit, Unfall, Diebstahl usw. Welche Vorsorge habe ich getroffen, um diese Sicherheit so gut wie möglich zu gewährleisten, z. B. durch Versicherungen? Lege ich Wert auf Sicherheit im Bereich Freunde und Partnerschaft? – Machen Sie sich deutlich, wie viel Ihnen jetzt in der Phase der Abstinenz an Sicherheit in den verschiedenen Bereichen liegt und was Sie bislang aktiv dafür getan oder passiv erwartet haben.

- **Freude**

Sie zeigt sich oft in einem Lachen, in einem Aufleuchten der Augen, in einer spontanen Umarmung. – Nicht alles muss Freude machen, das wäre eine unrealistische, überzogene Forderung. Man kann sich nicht zur Freude zwingen, aber man kann sie pflegen.

- **nicht sexuelle Liebe, Zuneigung**

Das Spektrum von Liebe und Zuneigung reicht von einem Wohlwollen anderen gegenüber bis hin zu aktiver Fürsorge, in deren Mittelpunkt die Zufriedenheit und das Glück des Geliebten stehen.

- **Sexuelle Liebe**

Auch hier gibt es ein Spektrum von leiser Zärtlichkeit bis zu sexueller Ekstase. Bei manchen müssen sexuelle Gefühle von einengenden negativen Erfahrungen befreit werden, damit sie sich entwickeln können. Bei anderen wiederum fehlt die Verbindung sexueller Lust mit dem Gefühl der Zärtlichkeit oder mit dem Wunsch, dem Partner etwas zu geben. Sexuelle Gefühle können von Liebe mehr oder weniger getrennt sein. Im Idealfall sind sie integriert.

- **Stärke, Macht**

Solche Gefühle entstehen einerseits aus dem subjektiven Eindruck, Menschen, Situationen oder Dinge beeinflussen zu können, andererseits aus der Erfahrung, tatsächlich Einfluss zu haben. Ein anderer Erlebnisbereich für Stärke und Macht steht in Zusammenhang mit elementaren Tätigkeiten, wie einen Baum pflanzen, ein Bild malen oder eine Maschine technisch beherrschen.

Gefühle können vielfältige Probleme hervorrufen. Sie können zu intensiv und zu unkontrolliert, zu schwach oder zu sehr verdrängt sein. Sie können in Konflikt miteinander stehen und sie können von der Wirklichkeit abgehoben sein.

Entscheidend ist zunächst einmal, dass Gefühle überhaupt zum Ausdruck gebracht werden. Genau da ist ein erster Punkt, wo Sie ansetzen können, wenn Sie etwas verändern wollen. Vielleicht hat Ihnen schon einmal jemand gesagt, Sie könnten sich nicht freuen oder Sie könnten schlecht etwas genießen oder Sie hätten an nichts echtes Interesse? – Wenn Ja, versuchen Sie, sich dennoch an eine Situation zu erinnern, in der Sie sich gefreut haben. Blicken Sie einmal zurück auf den letzten Tag und versuchen Sie, sich zu erinnern, was Sie als positiv erlebt haben im Sinne von Freude, auch wenn diese noch so gering gewesen war. Wenn Sie gestern keine Freude erlebt haben, dann nehmen Sie die nächst größere Zeiteinheit, die letzte Woche, den letzten Monat oder das letzte

Jahr. Irgendwann stoßen Sie auf eine solche Situation. Haben Sie Ihr Gefühl damals zum Ausdruck gebracht? – Wenn Ja, dann ist das der richtige Ansatz, um Freude zu verstärken. Wenn Nein, dann werden Sie damals entsprechende Gründe gehabt haben. Probieren Sie einmal aus, wie es wirkt, wenn Sie Freude zum Ausdruck bringen. Sie werden merken, dass sich in der Regel das Gefühl verstärkt. Negative Gedanken und Vorstellungen wie Zweifel, ob man sich auch wirklich freuen dürfe, ob man dabei komisch wirke, ob dies nach Unbeherrschtheit aussehen könnte und ähnliche Gedanken können die Freude blockieren.

Negative Gefühle wie Angst möchte jeder möglichst vermeiden und deshalb werden sie oft so stark verdrängt, dass die eigentliche Funktion und Bedeutung eines negativen Gefühls als Hinweissignal nicht mehr wahrgenommen wird.

Negative Gefühle sind:

- **Angst**

Sie bezieht sich auf mehr oder weniger wahrscheinliche, zukünftige Ereignisse, die als bedrohlich erlebt werden. Es werden folgende Formen von Angst unterschieden:

a) Angst, die Kontrolle über sich zu verlieren (von Gefühlen überschwemmt zu werden)

b) Angst, Zufriedenheit, Glück, Lust und Freude zu verlieren oder nicht zu erreichen

c) Angst, die Zuneigung und Sympathie anderer zu verlieren (Angst vor Liebesverlust)

d) Angst, körperlichen Schaden zu erleiden, (z.B. durch eine Krankheit)

Die positiven Funktionen der Angst sind zu warnen (Signalangst), aber auch korperlich und geistig zu aktivieren (Kampf-Flucht-Verhalten), um eine Gefahr besser bewältigen zu können.

- **Zorn und Wut**

Es gibt drei Arten von Aggression:

1. Eine kühl berechnende oder längerfristig geplante Aggression aus einer Haltung von Macht, Überlegenheit und Stärke.

2. Eine nachhaltige Aggression aus einem dauerhaften Gefühl der Kränkung und Verletzung oder auch des Neides heraus.
3. Eine spontane Aggression in einem Konflikt oder Streit aus kleinem Anlass, der sich schnell hochschaukelt und meist zu negativen Folgen für beide Seiten führt.

Aggressiven Gefühlen vom Typ 2 und 3 geht fast immer eine Kränkung oder eine Blockierung eigener Ziele und Absichten voraus. Wenn Sie von Zorn und Wut beherrscht werden, und dies in annehmbarer Form zeigen wollen, ist es hilfreich, die Ausgangssituation anzusprechen und nicht gleich Ihrer Wut freien Lauf zu lassen. Dadurch wird Ihr Gesprächspartner nicht in eine Verteidigungsposition gedrängt, in der er sich sonst mit Ärger, Aufgebrachtheit und weiterer Konfrontation zur Wehr setzen würde. Die positive Seite von Zorn und Wut besteh darin, dass Kräfte und Energien frei werden, die in Handlung umgesetzt werden können. Sie können aber auch sprichwörtlich blind vor Zorn machen und sich bis zum Hass steigern.

Das beste Gegenmittel
gegen den Zorn
ist der Aufschub.
Seneca

- **Schmerz**

Körperlicher Schmerz hat hauptsächlich eine Warnfunktion, seelischer Schmerz weist auf eine Kränkung oder einen Verlust hin, der bewältigt werden soll. Die Verarbeitung seelischen Schmerzes bedeutet Bewusstmachen und Akzeptieren eines Verlustes (z. B. Verlust des Partners, Verlust an äußerer Unabhängigkeit als Folge der Behinderung durch eine Krankheit) und schließlich die Hinwendung zu neuen Möglichkeiten.

- **Neid**

Sie möchten das haben, was ein anderer hat. Sie beneiden ihn um seine besonderen Fähigkeiten, um sein Aussehen, um seine Leistung oder um seinen Besitz. Vielleicht sind Sie sogar der Meinung, dass dem anderen das eigentlich nicht zusteht. Umgekehrt könnte dann die Frage auftauchen, wieso habe ich das nicht erreicht oder bekommen, das hätte ich doch auch verdient.

Im Volksmund heißt es: Es ist nicht alles Gold, was glänzt. Jeder hat auch seine schwache oder dunkle Seite, seine Probleme und Konflikte, die allzu leicht übersehen werden. Entscheidend sollte sein: Wie ich das erreichen kann, was ich mir wünsche und was ich anstrebe, ohne dem anderen dabei etwas wegzunehmen? Wenn Sie glauben, das Gewünschte nie erreichen zu können, weil Sie keinen Einfluss darauf haben, dann ist es für Sie als Ziel auch nicht von Bedeutung. Es kann jedoch als erwartetes Zufallsglück weiter eine Rolle in Ihrem Leben spielen.

> Zur Bewältigung negativer Gefühle ist der erste Schritt, sich das Gefühl, vielleicht der Angst oder der Wut, einzugestehen: Ja, ich habe diese Angst, ja, das tut mir innerlich weh, ja, ich bin tief gekränkt und deshalb wütend.
>
> Im zweiten Schritt fragen Sie sich: Was macht mir eigentlich Angst, was genau tut weh, was oder wen beneide ich? Dabei ist wiederum entscheidend, dass weder eine äußere Situation noch negative Äußerungen über Sie, Ihnen unmittelbar Angst machen können, sondern die eigenen Gedanken und Phantasien dies tun, die durch die äußere Situation lediglich ausgelöst werden. Auf Ihre Verarbeitung kommt es daher an und auf diese können Sie in erster Linie Einfluss nehmen.
>
> Im dritten Schritt überlegen Sie: Wie kann ich das Gefühl steuern und bewältigen?
>
> (siehe dazu die vier Strategien auf Seite 52)

Für die Bewältigung aggressiver Gefühle ist die Annahme einer vorausgegangenen Blockierung, Verletzung und Kränkung, oft auch einer wiederholten Blockierung und Kränkung ein nützlicher Ausgangspunkt. Die erste Schlüsselfrage heißt also: Worin bin ich blockiert? Oder: Was hat mich gekränkt? Bin ich bereit, mich mit dem Vorwurf oder der Kritik auseinanderzusetzen, weil damit im Kern etwas Richtiges getroffen sein könnte? Eine zweite Schlüsselfrage lautet: Was könnten mir meine Wut und mein Ärger sagen, was könnten sie fordern und verändern wollen? Derartige Fragen sind ein Ansatz, um einerseits die Blockierung oder Kränkungen zu klären und um andererseits die Richtung zu spüren, in die Sie Ihr Zorn oder Hass treibt. Schließlich geht es um eine dritte Schlüsselfrage: Wie kann ich das Gefühl der Blockierung oder Kränkung dem anderen mitteilen, ohne allzu schnell mit Aggression zu reagieren? – Wenn ich nämlich mein Gefühl der Blockierung oder Kränkung ansprechen kann, wird der andere weniger in eine Abwehrhaltung gedrängt und kann in der Regel besser darauf eingehen.

Was für den einen eine Kränkung ist, kann für einen anderen ohne jede Bedeutung sein. Entscheidend ist deshalb – es kann gar nicht oft genug gesagt werden – die innere Einstellung und die Verarbeitung der blockierenden oder kränkenden Situation. Dabei kann ich mich fragen: Wie wichtig es mir ist, meine Ziele durchzusetzen, ohne Fehl und Tadel dazustehen oder wie wichtig es mir ist, stark und unfehlbar zu erscheinen oder tatsächlich zu sein? – Nicht immer wird es gelingen, negative Gefühle in zufrieden stellender Weise zu bewältigen. Grundlegend ist die Bereitschaft, alle möglichen Gefühle, und seien sie zunächst auch noch so heftig, in Ihnen selbst zu Wort kommen zu lassen. Sie entscheiden dann, welche Sie akzeptieren, welche Sie abwehren und bekämpfen und welche Sie in Handlung umsetzen.

Problematische Gefühle entstehen oft auf dem Hintergrund innerer Dauerkonflikte und Dauerprobleme (z. B. ständige Minderwertigkeitsgefühle), auf die sie auch wiederum zurückweisen. Die Verarbeitung dieser Grundkonflikte führt dann auch zur Bewältigung der damit verbundenen Gefühle.

5. Selbsthilfe, professionelle Beratung und Therapie

5.1 Wann brauche ich Unterstützung und Hilfe?

Wenn Sie in einer akuten Rückfallkrise stecken oder deutlich den Eindruck haben, dass ein Rückfall unmittelbar bevorsteht, ist es keine Frage, dass Sie irgendeine Form der Hilfe brauchen. Selbsthilfegruppen, die in größeren Städten jeden Tag stattfinden, sind dafür eine gute Anlaufstelle. Ein Anruf bei dem Sie betreuenden Therapeuten oder bei einer Notrufstelle (siehe Anhang 8.6) oder eventuell auch bei einem guten Freund, der Sie und Ihre Probleme genau kennt, bringt eine erste Hilfe. Gleichzeitig sollten Sie sich auch sagen können:

> Es gibt immer einen Weg ohne Alkohol, auch wenn dieser nicht immer bequem oder angenehm ist.

Häufig sieht die Situation aber so aus: Sie sind bezüglich der Abstinenz relativ stabil, merken aber, dass eine Reihe anderer Probleme und Konflikte auftauchen, die Sie vielleicht früher noch nicht so deutlich wahrgenommen haben oder die sich auch erst neu entwickelt haben. Sie beginnen zu überlegen: Schaffe ich das allein, brauche ich Hilfe? Wenn Ja, welche?

Manche Sucht-Experten sagen, ohne den Besuch einer Selbsthilfegruppe sei die vorhergehende Entwöhnungsbehandlung nahezu wertlos. Eine solch extreme Meinung lässt sich jedoch nicht mit Zahlen aus wissenschaftlichen Untersuchungen belegen. Bei regelmäßigem Besuch von Selbsthilfegruppen ist die Wahrscheinlichkeit für eine Abstinenz sicher größer, aber sie ist auch dann noch beträchtlich, wenn keine Selbsthilfegruppen besucht werden. Wissenschaftliche Ergebnisse weisen jedoch insgesamt darauf hin, dass jeder Betroffene sicherheitshalber zumindest im ersten Halbjahr nach einer Entwöhnungsbehandlung Selbsthilfegruppen oder professionelle Nachsorgegruppen besuchen sollte (siehe 8.7 Suchtliteratur: Küfner 1990).

Die Bereitschaft, zur Teilnahme an einer Gruppe ist nicht nur von den eigenen Problemen und dem so genannten Leidensdruck abhängig, sondern hängt auch zusammen mit der eigenen Haltung gegenüber den

Schwierigkeiten anderer. Manche sagen, dass sie durch die Probleme und Konflikte von Gruppenmitgliedern in einer Selbsthilfegruppe oder in einer professionellen Therapiegruppe zusätzlich belastet würden. Deshalb wollten sie nicht an einer Gruppe teilnehmen.

Wenn Sie bislang mit Gruppen solche negativen Erfahrungen gemacht haben, sollten Sie noch einmal darüber nachdenken. Sicherlich werden Sie von den Problemen und Konflikten der anderen nicht unbeeinflusst bleiben. Es wäre sogar bedenklich, wenn das Schicksal anderer Sie nicht mehr berühren könnte. In Extremfällen (siehe Abschnitt 6.5 „Auseinandersetzung mit anderen" – Seite 156 und Folgende) kann es für Sie zu erheblichen Belastungen kommen, die eine stärkere Abgrenzung von den anderen Gruppenteilnehmern erfordern. Dazu gehört die Auseinandersetzung mit der Frage, welchen Sinn Sie darin sehen, sich mit den Problemen und Konflikten anderer zu befassen.

Sinn, sich mit den Problemen anderer Gruppenmitglieder zu beschäftigen, kann sein:

- Ich kann anderen Betroffenen durch meine Erfahrungen weiter helfen. Ich bin nicht nur in der Position, in der ich Hilfe erwarte und bekomme, sondern ich selbst kann auch Hilfe geben, sie wird angenommen und ich bewirke damit etwas.
- Ich brauche das Gespräch über die Probleme anderer, damit ich selbst besser sehen kann, wo ich stehe.
- Ich will meine Schattenseiten, die ich sonst gerne verdränge, genauer kennenlernen. Dieser Teil meiner Person wird besonders aktiviert, wenn andere über Themen wie Aggression und Rückfälle sprechen.

Die Belastung in einer Gruppe kann vielleicht auch deshalb so hoch sein, weil Sie Ihre Gefühle und Gedanken zu sehr unter Verschluss halten und dann zunehmend unter Spannung und Druck geraten. Wenn Sie Ihre Befürchtungen und Hemmungen kennen oder wenn Sie darüber in einem Einzelgespräch mit Ihrem Therapeuten gesprochen haben, besteht der nächste Schritt darin, auch in der Gruppe darüber zu reden. Dazu brauchen Sie sicherlich Mut, aber meist verläuft es viel besser, als Sie es erwartet haben. Manchmal ist aber ein größeres Maß an Mut erforderlich, sich auch den negativen Reaktionen der anderen in der Gruppe zu stellen. Das können Sie als Herausforderung und Bewährungsprobe begreifen. Sie können zwar sicher sein, dass mit Ausnahme von schweren Gewaltattacken ein Teil der Gruppe auf Ihrer Seite stehen wird, aber ein Rest an Unsicherheit, wie die anderen reagieren, bleibt bestehen.

Die Hemmschwelle, mir selbst und anderen einzugestehen, dass ich Hilfe brauche, ist oft ziemlich hoch, bei Männern im Durchschnitt höher als bei Frauen. Diese Hürde hat zu einem gewissen Teil ihre Berechtigung, weil man auf diese Weise zunächst selbst gefordert ist, seine eigenen Fähigkeiten einzusetzen und zu entwickeln; zu einem anderen Teil kann sie Flucht vor der tatsächlichen Situation, vor der Wahrheit eigener Defizite und Grenzen bedeuten.

Ob ich Hilfe brauche, kann ich zunächst an meinem gefühlsmäßigen Gesamteindruck erkennen, dass ich es alleine schon schaffe oder dass ich im Grunde Unterstützung und Hilfe brauche. Zusätzlich ist aber eine systematische Abklärung meiner gegenwärtigen Gesamtsituation nützlich und notwendig.

Bei einer solchen Abklärung unterscheiden wir eine äußere und eine innere Situation:

A. Meine äußere Situation

	ja	nein
Ist meine materielle Situation für die nächste Zeit gesichert?	□	□
Habe ich eine Arbeitsstelle?	□	□
Habe ich eine Wohnung?	□	□

Wenn Nein, welche Schritte will ich unternehmen, um in diesen Bereichen mehr Sicherheit und Unterstützung zu bekommen? – Was brauchte ich (an Fähigkeiten oder Unterstützung), um diese Schritte durchzuführen?

B. Meine innere Situation

Die Leitfrage lautet:
Bei welchen Beschwerden und Störungen brauche ich auch nach der Entwöhnungsbehandlung noch Hilfe und Unterstützung?

		vorhanden	nicht vorhanden
1.)	Ängste vor bestimmten Dingen oder Situationen, unter denen ich stark leide oder die mich in meinem Verhalten erheblich einschränken *(z. B. die Angst, mit der U-Bahn oder in einem Aufzug zufahren, Ängste vor dem anderen Geschlecht).*	□	□
2.)	Sexuelle Störungen *(häufige Potenzstörungen, vorzeitiger Samenerguss, keine sexuelle Lust, Schmerzen beim Verkehr)*	□	□
3.)	Partnerkonflikte *(schwere Auseinandersetzungen bis hin zu Tätlichkeiten, dauernde Unzufriedenheit, Trennungsgedanken, Hoffnungslosigkeit im Hinblick auf eine Besserung)*	□	□
4.)	Essstörungen – Bulimie (Fressphasen und Erbrechen), – Magersucht – Übergewicht *(mindestens 10% über dem Idealgewicht. Als Idealgewicht in Kilogramm gilt hierbei die Körpergröße in Zentimetern minus 100 abzüglich 10%)*	□	□
5.)	Probleme im Bereich Selbstbewusstsein und Selbstsicherheit *(vor allem dann, wenn diese mit psychosomatischen Beschwerden – siehe Punkt 8 -in Zusammenhang stehen oder mit sozialen Nachteilen z. B. im Beruf und mit erheblichen Einschränkungen Ihres Verhaltens verbunden sind.)*	□	□
6.)	Unsicherheit bzw. Unklarheit bezüglich der Abstinenzmotivation (siehe Seite 102–104)	□	□

7.) Depressive Stimmung und Antriebslosigkeit *(im Vergleich zu früher keine Lust, etwas zu unternehmen, kein Interesse mehr für irgendwelche Aktivitäten, Hoffnungslosigkeit, innere Leere, Rückzug von Freunden, Selbstvorwürfe.)*	☐	☐
8.) Verschiedene psychosomatische Beschwerden – Schlafstörungen (Einschlaf- oder Durchschlafstörungen)	☐	☐
– Kopfschmerzen	☐	☐
– andere Schmerzzustände	☐	☐
– ausgeprägte Müdigkeit und Schlappheit	☐	☐
– Magen-Darmstörungen (Durchfälle, Erbrechen, Schmerzen)	☐	☐
– Hauterkrankungen (ständiger Juckreiz, Hautausschlag, Schuppenflechte, Allergien)	☐	☐
– Tics (nervöses Zucken)	☐	☐
– sonstiges	☐	☐

Manches bestehende Problem werden Sie nach einiger Zeit selbst aktiv bewältigt haben, manches vielleicht auch nicht. Bei ungelösten, nachhaltigen Belastungen liegt eine der drei folgenden Situationen vor:

- Sie haben nach einem mehr als vier Wochen zurückliegenden schwerwiegenden Ereignis oder einer länger anhaltenden Belastung eine posttraumatische Belastungsreaktion noch nicht ausreichend bewältigt (siehe auch Belastungskrise, Seite 73–74) und leiden noch an Schreckhaftigkeit, Albträumen oder Flashbacks, dann sollten Sie an eine professionelle Hilfe denken.

- Sie fühlen sich durch Ängste oder Depressionen emotional erheblich beeinträchtigt und sehen einen Zusammenhang mit dem Tod oder einer Trennung vom Lebenspartner oder eines nahen Angehörigen. Hält dies länger als sechs Monate an, dann sollten Sie ebenfalls an eine professionelle Hilfe denken.

- Sie haben ein schwerwiegendes Problem (z. B. Ihre Partnersituation), aber keine Vorstellung oder Idee über einen Lösungsweg. Wenn Sie längere Zeit (z. B. einige Monate) nicht wissen, wie Sie ein bestimmtes Problem oder einen Konflikt anpacken sollen, dann erscheint es dringend, sich um Hilfe zu bemühen. Fragen Sie sich zunächst, wie andere sich in ähnlicher Situation verhalten, was Ihre Freunde oder Bekannten zu dem Problem meinen. Erst danach wird man professionellen Rat und Unterstützung in Anspruch nehmen.
- Sie haben eine ungefähre, vielleicht sogar klare Vorstellung, was Sie ändern müssten, aber Sie finden zu keinem Entschluss und können sich nicht zu einer konkreten Änderung aufraffen oder diese nicht durchhalten (siehe Abschnitt 4.2 „Das Problem, sich zu ändern" – Seite 96–101).
- Sie verfolgen immer den gleichen Ansatz zur Lösung des Problems, obwohl sich kein Erfolg einstellt.

Es kommt häufig vor, dass jemand in ständig gleicher Weise versucht, ein Problem zu bewältigen, obwohl er immer wieder einen Misserfolg einstecken muss. Vielleicht hat er es schon einmal mit doppelter Kraft versucht und ist trotzdem gescheitert. Eine solche Lage sollte Anlass sein, sich um Hilfe zur Klärung dieser Situation zu bemühen. Um einen besseren Weg zu finden, ist oft mehr Abstand nötig, was sich im Gespräch mit jemand anderem leichter einstellt.

Der innere Konflikt bei der Frage nach Hilfe ist ein doppelter: Einmal muss ich meine Hilflosigkeit eingestehen; und zweitens muss ich annehmen, dass mir jemand in diesem Bereich helfen kann, das heißt, dass jemand in dieser Situation mehr weiß und stärker ist als ich. Das wird als Schwäche und Kränkung erlebt, die man sich ungern eingestehen möchte.

Übung um mehr Abstand von einem Problem zu gewinnen:

Versuchen Sie einmal, Ihr Problem aus der Vogelperspektive zu entdecken oder aus dem Flugzeug zu betrachten. Stellen Sie sich vor, dass Sie mit Ihrem Problem z.B. Ihrer Angst irgendwo dort unten auf der Erde sitzen. Sie sehen sich von oben, wie um Sie herum die Leute zur Arbeit eilen, mit dem Auto unterwegs sind oder zuhause dies oder jenes tun. Sie werden spüren, was diese Vogelperspektive bei Ihrer Angst oder Ihrem sonstigen Problem bewirkt. Versuchen Sie mit dieser Perspektive zu experimentieren: Was denken Sie über den oder die da unten? Wie wird die Situation nach einer Stunde oder am nächsten Tag sein? Vielleicht entdecken Sie noch andere in der gleichen Situation wie Sie selbst?

5.2 Das Angebot an Hilfe

Das Angebot an Ratgebern ist enorm vielfältig. Es gibt vieles, von Büchern bis zu Videos, von Selbsthilfegruppen bis hin zu Fachkliniken und Übergangshäusern, von Pillen und Massage bis hin zu Hypnose und Esoterik. Wie soll ich das für mich Wichtige herausfinden? Nach welchen Kriterien soll ich die Angebote beurteilen, auf wessen Urteil kann ich mich verlassen? – Es gibt kein TÜV-Siegel und kein Institut, das diese Angebote prüfen würde wie die Stiftung Warentest oder wie das Bundesgesundheitsamt bei der Zulassung von Medikamenten.

In den letzten Jahren (Schmidt et al 2006) wurde eine etwas andere Einteilung unterschiedlicher Behandlungsformen des Suchtbereichs vorgenommen: Man unterscheidet jetzt zwischen einer Akutbehandlung (Entzug, qualifizierter Entzug mit Komponenten einer Entwöhnungsbehandlung, Kriseninterventionen) und einer Postakutbehandlung (Entwöhnung bzw. medizinische Rehabilitation und Nachsorge bzw. Nachbehandlung).

Es wird immer wieder Neues geben, oft auch nur scheinbar Neues. Manche wissenschaftlichen Ergebnisse werden gleich als neuer Therapieansatz verkauft und erwecken falsche Hoffnungen. Eine gewisse Skepsis ist angebracht, aber ebenso sinnvoll ist eine Aufgeschlossenheit gegenüber neuen Entwicklungen. Eine generelle Empfehlung, dass eine bestimmte Therapieform allen anderen überlegen wäre, lässt sich nicht mit Fakten belegen. Dennoch

1.) Zunächst und vor allem ist die eigene Einstellung wichtig:

Was spricht mich ganz persönlich an, ist die Frage. Das erfordert eine kontrollierte Offenheit, nicht Vorurteil und schnelle Ablehnung, aber auch nicht blindes Vertrauen. Im Allgemeinen können Sie darauf bauen, dass Sie genau das besonders anspricht, was zu Ihren Interessen oder Ihrer Problemsituation am besten passt bzw. Ihnen am ehesten weiterhilft. Allerdings sollten Sie dabei berücksichtigen, ob Sie vom Typ her jemand sind, der sich schnell für etwas Neues begeistern kann, ohne vorher genauer zu prüfen und abzuwägen, oder ob Sie eher dazu neigen, zunächst alles in Zweifel zu ziehen und sich erst allmählich mit etwas Neuem anzufreunden. Wenn Sie sich einem dieser Extremtypen zuordnen, sollten Sie jeweils dem anderen entgegengesetzten Reaktionstyp mehr Raum geben und ihn zu Wort kommen lassen.

2.) Erfahrungen von Betroffenen:

Was erzählen andere, die ein bestimmtes Hilfeangebot selbst kennen gelernt haben? – Erfahrungen sind in jedem Fall hörenswert. Meist wird im Kern etwas Richtiges ausgesagt, aber häufig sind es eben nur Teilaspekte, die noch kein zusammenhängendes Bild und vor allem keinen Überblick ergeben.

3.) Wo bekomme ich weitere Informationen her?

Das ist ein Problem von Geduld und ausdauerndem Suchen. In größeren Buchhandlungen gibt es Abteilungen mit Ratgeber-Büchern jeder Art. Informationen erhalten Sie auch von zahlreichen Selbsthilfeorganisationen und Interessengemeinschaften (siehe Anhang). Auch die Selbstbeschreibungen von Therapieeinrichtungen und Hilfeangeboten geben einen Eindruck vom Leben dort. Immer größer wird das Informationsangebot über das Internet, das sich mit Hilfe von Suchmaschinen oder mit Hilfe der Links von Suchthilfeeinrichtungen erschließen lässt, z. B. über die LINKS der DHS Homepage. Wie schon gesagt, das Informationsangebot ist groß; andererseits wird es aber nie groß genug sein, um alle Fragen beantworten zu können.

4.) Empfehlungen von Experten

Nutzen Sie die Kenntnisse von Experten (Beratungsstellen, Ärzte, Psychotherapeuten u. a.), die Sie anschreiben oder telefonisch um Rat fragen können. Die meisten werden Ihnen gerne Ihre Empfehlungen mitteilen. Eine Anfrage bedeutet für einen Experten oft eine kleine Anerkennung. Auf einen Rat allein sollte man sich in der Regel jedoch nicht verlassen, wenn es um eine sehr wichtige Entscheidung geht.

5.) Was sagen mir meine ersten eigenen Erfahrungen?

Die eigenen Anfangserfahrungen prägen oft den weiteren Verlauf der Therapie oder Selbsthilfe. Bei einer negativen Erfahrung sollte man versuchen, sie nach ihren Gründen zu überprüfen, bevor eine Ablehnung der Therapie erfolgt.

In Form eines Überblicks werden nachfolgend einige Grundinformationen und Hinweise zur Beurteilung von Hilfeangeboten gegeben.

Selbsthilfegruppen, professionelle Nachsorge/Nachbehandlung/ Psychotherapie

Mit der Frage, ob ich auch nach der Entwöhnungsbehandlung noch weitere Anregung und Hilfe brauche, wird jeder Betroffene schon in der Zeit der Entwöhnungsbehandlung konfrontiert. Eine Entscheidung wird oft durch Unklarheiten über die eigene innere Situation und Persönlichkeit, über die vorhandenen Hilfeangebote und ebenso durch Vorurteile gegenüber der Selbsthilfe, vor allem aber gegenüber der professionellen Nachsorge/Nachbehandlung und der Psychotherapie bestimmt. Die Entscheidungssituation ist also komplex. Es kommt hinzu, dass es wenig gesichertes Expertenwissen darüber gibt.

Zur Begriffsklärung ist zu sagen, dass Psychotherapie ein Oberbegriff ist für alle Verfahren, in denen das Gespräch und die Kommunikation im Vordergrund stehen. Gelegentlich wird der Begriff Psychotherapie auch in Abhebung zur Verhaltenstherapie benutzt. Diese Unterscheidung erscheint aber nicht gerechtfertigt. Die Verhaltenstherapie ist eine spezielle Psychotherapieform wie die Psychoanalyse und umfasst eine große Gruppe einzelner Therapietechniken.

Ausgangspunkt der Entscheidung für eine bestimmte Form der Nachsorge bzw. Nachbehandlung ist zum einen die eigene Einstellung sowohl generell bezüglich der Bereitschaft, Hilfe anzunehmen, als auch speziell gegenüber den einzelnen Möglichkeiten und Angeboten und zum anderen das Wissen um diese Angebote.

Das Angebot an Hilfen im Vergleich

Es gibt zahlreiche Helfer in den verschiedensten Berufsgruppen. Der Bereich ist schwer überschaubar. Deshalb nachfolgend einige Erläuterungen:

Ärzte

- als Psychiater, die niedergelassen sind oder in einer Einrichtung (Klinik, Beratungsstelle) arbeiten. Die ältere Bezeichnung „Nervenarzt" umfasste sowohl das Gebiet der Psychiatrie als auch der Neurologie. Die beiden medizinischen Bereiche sind jetzt getrennt.
- als Ärzte mit der Zusatzbezeichnung Suchtmedizin, die eine anerkannte Weiterbildung in der Suchtmedizin darstellt.
- als andere niedergelassene Ärzte, z. B. für Allgemeinmedizin oder für Innere Medizin
- als Ärzte mit dem Zusatztitel Psychotherapie (meist Psychiater oder Internisten), die eine Psychotherapieausbildung abgeschlossen haben und hauptsächlich zwei Richtungen, nämlich der Psychoanalyse oder der Verhaltenstherapie zugeordnet werden können (entweder niedergelassen in eigener Praxis oder in einer Einrichtung).

Sozialarbeiter oder Sozialpädagogen

Sie arbeiten meist in Beratungsstellen und anderen Einrichtungen. Sie haben sich vielfach auf den Suchtbereich spezialisiert, zum Teil mit den unterschiedlichsten Psychotherapieausbildungen, zum Teil auch mit spezieller Suchtfachausbildung, z. B. mit einem Master Abschluss Suchthilfe an einer Fachhochschule.

Psychologen

Psychologen können im Bereich der Wirtschaft und der Verwaltung tätig sein oder als Klinische Psychologen im Bereich der Rehabilitation und Psychotherapie arbeiten.

Klinische Psychologen haben meist zusätzlich eine spezielle Psychotherapieausbildung in Verhaltenstherapie oder tiefenpsychologischer Therapie abgeschlossen und können als niedergelassene Psychotherapeuten in freier Praxis oder in einer Einrichtung (z. B. Beratungsstelle, psychiatrisches Krankenhaus u. a.) arbeiten.

Allgemeine Bemerkungen zur Entscheidungssituation

Die verschiedenen Möglichkeiten der Therapie und Selbsthilfe schließen sich in der Regel nicht gegenseitig aus. So lässt sich der Besuch von Selbsthilfegruppen mit einer professionellen Nachsorge/Nachbehandlung oder mit einer ambulanten Psychotherapie meist gut vereinbaren. Leitgedanke dabei kann sein: Einerseits möchte ich für die Stabilität der Abstinenzmotivation etwas tun, andererseits brauche ich Unterstützung, um mich weiterzuentwickeln und um spezielle Probleme oder Störungen besser zu bewältigen.

Abgesehen von einer allgemeinen Beschreibung können im konkreten Einzelfall die verschiedenen Selbsthilfe- oder Therapieangebote ganz verschieden aussehen. Auch im Rahmen ein- und derselben Selbsthilfeorganisation können die Gruppen sehr unterschiedlich ablaufen. Man sollte immer mehrere ausprobieren und an einigen Sitzungen teilnehmen, bevor man zu einem abschließenden Urteil kommt.

In der Regel ist professionelle Nachsorge/Nachbehandlung an einer psychosozialen Beratungsstelle oder im Rahmen eines sozialpsychiatrischen Dienstes eingerichtet. Vielfach besteht sie aus einer Nachsorgegruppe, die sich einmal pro Woche oder einmal alle zwei Wochen trifft. Eine Gruppensitzung dauert zwischen eineinhalb und zwei Stunden. Die Gruppe ist in der Regel halboffen, das bedeutet, es können immer wieder neue Gruppenmitglieder bis zu einer bestimmten Obergrenze hinzukommen. Die Teilnehmerzahl ist auf maximal 10–12 beschränkt. Meistens ist die Anzahl der Sitzungen bzw. die Laufzeit der Gruppe nicht begrenzt. In Krisensituationen besteht in der Regel auch die Möglichkeit zu Einzelgesprächen evtl. auch zur Einzeltherapie. Auch der Partner kann eventuell einbezogen werden, manchmal gibt es auch spezielle Angehörigengruppen. Bei den Anonymen Alkoholikern gibt es ebenfalls Angehörigengruppen (Al-Anon) sowie Gruppen für Kinder von Betroffenen (Al-Ateen) (Auskunft über Selbsthilfegruppen siehe Anhang 8.6).

Psychotherapie

Man kann gegenwärtig drei verschiedene Therapierichtungen unterscheiden:

1. Die psychoanalytisch-tiefenpsychologisch orientierten Therapieformen mit Einzel- und Gruppentherapie sowie auch Partner- und Familientherapie. Sie sind charakterisiert durch die Betonung der individuellen Lebensgeschichte, der zunächst unbewussten Phantasien und Wünsche, der Analyse von Träumen und der Beziehung zwischen Klient und Therapeut.
2. Die Verhaltenstherapie mit ihren Therapietechniken wie Rollenspiel oder systematischer Desensibilisierung:
   Generell ist sie durch eine stärkere Symptom- und Problemorientierung und durch Techniken, die mehr auf Veränderung des konkreten Verhaltens eingehen, charakterisierbar.
3. Andere Therapieformen wie systemisch orientierte Familientherapie, Gesprächspsychotherapie, Körpertherapie u.a. Diese Gruppe von Therapieformen ist äußerst verschiedenartig. Die einzelnen Verfahren sind außer der systemischen Therapie noch nicht als Therapieform offiziell anerkannt. Eine allgemeine Charakterisierung würde den Rahmen hier überschreiten.
   Von den Krankenkassen bzw. den Rentenversicherungsträgern werden gegenwärtig in der Regel nur die Kosten für Therapien der 1. oder 2. Gruppe übernommen.

Im Rahmen der Nachsorge gibt es Wohngruppen, zahlreiche Freizeitgruppen, Patienten-Clubs und ähnliche Einrichtungen.

Die Erfahrung mit Suchtproblemen ist bei niedergelassenen Psychotherapeuten individuell sehr unterschiedlich. Wenn die Suchtproblematik bereits durch den Besuch von Selbsthilfegruppen abgedeckt wird oder eine ausreichende Stabilität hinsichtlich der Abstinenz erreicht worden ist, erscheint eine geringere Erfahrung des Therapeuten mit Alkoholismus unbedeutend. Entscheidend sind dann der gute Kontakt mit dem jeweiligen Psychotherapeuten und das Erreichen Ihrer Ziele.

Einzel- oder Gruppentherapie?

In einer Einzeltherapie kann mehr auf den Betroffenen eingegangen werden. Man kann sich aber auch weniger leicht verstecken, steht ständig im Mittelpunkt, ist derjenige, dem geholfen wird. Einzelne Probleme oder Störungen können in der Regel sehr viel genauer besprochen werden. Außerdem kann in den tiefenpsychologischen Therapien die Beziehung zum Therapeuten eine größere Rolle spielen. Man spricht hier von Übertragung früherer Beziehungsmuster auf das Verhältnis zum Therapeuten. Eine solche Übertragung muss sich aber nicht in jedem Fall einstellen, vor allem dann nicht, wenn die Stundenzahl pro Woche verhältnismäßig klein ist (höchstens 2 Sitzungen pro Woche).

In den Gruppentherapien geht es mehr um Austausch mit den anderen Gruppenmitgliedern, das heißt um gegenseitige Rückmeldung und Auseinandersetzung im Hier und Jetzt. Der Anregungsbereich ist in der Gruppe größer, die Kontaktmöglichkeiten sind zahlreicher. Andererseits ist man dort stärker von den Problemen und Konflikten anderer betroffen und muss vielleicht seine eigenen zeitweilig zurückstellen, die man gerne vorgetragen hätte. Ein Vorteil ist auch, dass jedes Gruppenmitglied eine Helferrolle übernehmen kann und nicht immer nur derjenige ist, dem geholfen wird.

In dem nachfolgenden Schema sind wichtige Aspekte für Ihre Entscheidung zwischen unterschiedlichen Formen der Nachsorge/Nachbehandlung zusammengefasst:

Schema zur Charakterisierung und Beurteilung verschiedener Möglichkeiten von Nachsorge / Nachbehandlung

Selbsthilfegruppen	professionelle Nachsorge / Nachbehandlung	sonstige ambulante Psychotherapie
– stark bezogen auf die Alkoholproblematik – In der Regel Abstinenz orientiert – nicht abhängig von professionellen Therapeuten – man kann sich u. U. mehr zurückhalten und durch Zuhören von den anderen lernen – geringere Verbindlichkeit mehr Anonymität – umfassendes Angebot überall und fast zu jeder Zeit – weniger für die Klärung spezifischer Störungen und Konflikte – stärkeres Engagement in der Helferrolle möglich – Extra-Gruppen für Angehörige oder für Kinder (Al-Anon, Alateen)	– Erfahrungsaustausch mit anderen Betroffenen über die Alkoholproblematik hinaus – zusätzliche Anregung und Unterstützung durch die Therapeuten – sowohl zur Stabilisierung der Abstinenz als auch der Persönlichkeit – alkoholunspezifische Störungen und Konflikte sind nicht zentral, können aber eingebracht werden – zusätzliche Hilfe bei speziellen Problemen und Konflikten möglich – Einbeziehung von Angehörigen ist meist in zusätzlichen Gesprächen möglich	– stärker auf spezifische Störungen und Konflikte bezogen – nicht suchtspezifisch (in der Regel) – zur weiteren Persönlichkeitsentwicklung

Körper- und Entspannungstherapien

Neben den mehr auf Sprechen und Interaktion orientierten Psychotherapieformen gibt es auch vorwiegend körperorientierte Therapieansätze wie Bioenergetik, Yoga oder konzentrative Bewegungstherapie. Die hauptsächlichen Ansatzpunkte dieser Therapien sind körperliche Wahrnehmungen, Reaktionen und Gefühlszustände sowie körperzentrierte Übungen, z. B. Atemübungen. Daneben können verbale Äußerungen miteinbezogen werden. Auch die verschiedenen Entspannungsverfahren wie Autogenes Training oder die Muskelrelaxation können als Körpertherapien im weiteren Sinn aufgefasst werden. Meditationsübungen (siehe z. B. Schwäbisch und Siems, 1976) können als eine Art geistig-seelischer Entspannung verstanden werden, umfassen dabei aber auch die körperliche Entspannung; beides wird meist als eine Einheit gesehen. Meditation führt aber über eine Entspannung hinaus und kann entweder auf christlichen oder mehr auf fernöstlichen Praktiken und Weltanschauungen beruhen. Eine Körper- oder Entspannungstherapie ist in der Regel eine zusätzliche Therapie, die eine suchtspezifische Nachsorge bzw. Nachbehandlung nicht ersetzt.

Hinsichtlich der Herkunft können hier zwei Grundrichtungen unterschieden werden:

1. Solche, die sich von fernöstlichen Praktiken und Anschauungen ableiten lassen wie Yoga oder Aikido (eine Art Zweikampfprogramm)

und

2. solche, die sich mehr von Techniken und Theorien des westlichen Kulturkreises ableiten lassen wie die progressive Muskelrelaxation, schwedische Massagetechnik (herkömmliche Massage), Autogenes Training oder Bioenergetik.

Ein weiterer Aspekt für die Unterscheidung verschiedener Körpertherapien ist die Frage, inwieweit sich der körpertherapeutische Ansatz mehr als Technik wie „Rolfing“ (spezielle Massagetechnik) oder mehr als umfassende Therapie eventuell mit weltanschaulichem Hintergrund versteht. Auf Einzelheiten kann hier nicht weiter eingegangen werden (siehe dazu z. B. Schwäbisch und Siems, 1976; Lukoschik und Bauer, 1989) Man sollte sich allerdings vor Beginn einer Körpertherapie danach erkundigen, inwieweit weltanschauliche Gesichtspunkte zum therapeutischen Ansatz gehören.

Körpertherapien sind vor allem geeignet,

- wenn jemand mehr Abstand und Ruhe sucht, um stärker zu sich selbst zu kommen;
- wenn jemand unter körperlichen Spannungszuständen und anderen psychosomatischen Symptomen leidet, die sich in der auf das Gespräch orientierten Therapie nicht wesentlich gebessert haben;
- wenn jemand mit einer gesprächsorientierten Therapie nicht gut zurechtgekommen ist und der sprachliche Austausch mit anderen für ihn unbefriedigend war;
- wenn jemand auch ohne körperliche Symptomatik nach einer Ergänzung zu den gesprächsorientierten Therapien sucht.

Wenn Sie Gelegenheit haben, eine körperorientierte Therapie kennen zu lernen, sollten Sie diese Möglichkeit nutzen. Bei Therapien mit weltanschaulich ideologischem Hintergrund sollte man dagegen vorsichtig sein. Wahrscheinlich haben Sie während der Entwöhnungsbehandlung bereits ein Entspannungsverfahren kennen gelernt. Versuchen Sie, das dort Gelernte wieder aufzufrischen. Verfahren und Techniken, die nicht mehr geübt werden, sind leider auch schnell wieder vergessen. Im Notfall haben Sie dann eine Technik oder ein Übungsinstrument an der Hand, das Sie aktiv einsetzen können. Eine Entspannungstechnik anwenden zu können ist in den unterschiedlichsten Stresssituationen nützlich und jedem zu empfehlen. Am weitesten verbreitet sind Autogenes Training und die progressive Muskelentspannung (siehe Anhang).

Einsatz von Psychopharmaka

Wenn Sie bislang ohne Medikamente ausgekommen sind, sollten Sie das auch weiterhin so handhaben.

Medikamente kommen in Betracht (siehe auch Seite 109):

- bei anhaltenden schweren Depressionen oder anderen psychischen Störungen, die nicht erfolgreich psychotherapeutisch behandelt werden konnten,

- bei anderen psychischen Störungen, wie z. B. einer Psychose, bei denen standardmäßig eine Psychopharmaka Therapie vorgesehen ist.
- bei anhaltenden oder immer wieder auftretenden Rückfällen mit Alkohol und anderen Substanzen zur Rückfallprophylaxe; dazu stehen zur Zeit die Wirkstoffe Acamprosat (Medikamentenname: Campral) oder Naltrexon (Medikamentenname: Nemexin) zur Verfügung. Nach verschiedenen Überblicksstudien (s. Soyka & Küfner, 2008) verlängert Acamprosat die Abstinenzzeiten, während Naltrexon eher die Trinkmenge reduziert.

In jedem Fall muss für eine passende Medikation und Verschreibung ein Arzt konsultiert werden.

6. Krisen in Selbsthilfe und professioneller Therapie

Im Verlauf der Kontakte mit Selbsthilfegruppen und professionellen Therapieformen kann es immer wieder zu schwierigen und krisenhaften Situationen kommen. Eine Krise in der Therapie ist meist wie eine Lebenskrise eine Zeit des Umbruchs und der Wende. Deshalb steckt in jeder Krise eine Chance zur Weiterentwicklung und zum eigenen Wachstum. Auch wenn jeder eine Krise möglichst schnell überwinden möchte, ist das Wissen hilfreich, dass Krisen im Verlauf einer Therapie oder Selbsterfahrung nicht ungewöhnlich sind. Häufig sind sie Voraussetzung für erwünschte Veränderungen.

Neben solchen Krisen werden im Folgenden auch kritische Phasen im Verlauf einer Therapie oder Selbsterfahrung – wie die Anfangs- und Endphase – dargestellt.

6.1 Erste Kontakte mit Selbsthilfe und Therapie (nach der Entwöhnungsbehandlung)

Die erste Kontaktaufnahme mit einer Selbsthilfegruppe oder mit einem Therapeuten ist häufig bestimmend für den weiteren Verlauf:

- Was möchte ich mit Hilfe der Gruppe klären oder erreichen?
- Sind mir die anderen Leute in der Gruppe sympathisch?
- Werde ich von den anderen akzeptiert?
- Komme ich mit dem Therapeuten zurecht?

Wenn Sie bereits nach einem ersten Kontakt eine Gruppe verlassen oder ein Therapieangebot aufgeben, sollten Sie sich fragen, ob Ihnen ein so schnelles Aufgeben auch bei anderen Gelegenheiten passiert. – Wenn Ja, wie läuft es in der Regel ab? Es kann sein, dass Sie selbst nicht so genau wissen, weshalb Sie eigentlich an dieser Gruppe teilnehmen wollen. Vielleicht hat man es Ihnen nur sehr nachdrücklich empfohlen und Sie wissen selbst nicht, was Sie dort eigentlich suchen. Möglicherweise sind Sie auch mit allzu großen Erwartungen dorthin gegangen, so dass Sie jetzt umso stärker enttäuscht sind. Falls Sie den Eindruck haben, von den anderen abgelehnt zu werden, dann ist wiederum zu fragen, ob Ihnen dies häufiger passiert. Wenn Ja, dann ist dies ein Problem, das mehr mit Ihnen selbst zu tun hat als mit der jeweiligen Gruppe.

Wenn Sie das deutliche Gefühl haben, dass Ihnen weitere Kontakte nichts bringen werden, ja vielleicht sogar schaden könnten und wenn sich auch nach einem Gespräch mit dem Therapeuten nichts ändert, ist es besser, eine neue Gruppe bzw. eine neue Therapie ausfindig zu machen und diese so weit wie möglich auszuprobieren.

6.2 Beendigung von Selbsthilfe und professionellen Therapieformen

Eine ebenfalls kritische und gleichzeitig für die eigene Autonomie sehr wichtige Phase ist die Beendigung der Teilnahme an einer Gruppe oder einer Einzeltherapie. Sie haben den Abschluss einer Therapie schon einmal am Ende Ihrer Entwöhnungsbehandlung erlebt und können daher auf diese Erfahrungen zurückgreifen. Allerdings ist das Ende der stationären Behandlung vielfach von vornherein klar begrenzt, während in der Nachsorge bzw. Nachbehandlung manchmal keine Zeitbegrenzung oder andere äußere Gründe vorliegen, die zur Beendigung führen. In einer anonymen Selbsthilfegruppe ist das Aufhören einfach, wenn sich keine Verpflichtungen gegenüber den anderen Teilnehmern entwickelt haben. In einer fortlaufenden Therapiegruppe auszuscheiden ist dagegen viel schwieriger, weil man sich der Notwendigkeit ausgesetzt sieht, das Aufhören in irgendeiner Weise nicht nur vor sich selbst, sondern auch vor der Gruppe und vor dem Therapeuten zu begründen. Es empfiehlt sich daher, in Therapiegruppen von vornherein entweder bestimmte Zeiträume festzusetzen, nach denen eine Entscheidung über den weiteren Verbleib erfolgt, oder Ziele festzulegen, die erreicht werden sollen. Solche Ziele sollten möglichst konkret formuliert sein, so dass sie ohne große Schwierigkeiten überprüfbar sind. Wenn, abgesehen von suchtspezifischen Zielen wie z. B. der Abstinenz, das Ziel beispielsweise in einer größeren Stabilität des Selbstbewusstseins besteht, dann ist das nicht ausreichend konkret, weil Sie nicht klar überprüfen können, ob Sie Ihr Ziel erreicht haben oder nicht. Selbstbewusstsein kann sich darin zeigen, dass Sie z. B. im Beruf Vorgesetzten in kontrollierter Form Ihre Meinung sagen oder dass Sie jemanden ansprechen können, mit dem Sie gerne in Kontakt kommen möchten. Selbstbewusstsein zeigt sich aber auch im Nein-Sagen-Können und in der Fähigkeit zu ertragen, dass Sie eventuell zeitweilig die Zuneigung des anderen verlieren.

Kurz zusammengefasst betreffen das Selbstbewusstsein und die Selbstsicherheit folgende Punkte:

- Bitten und Ansprüche anmelden können
- Nein sagen können
- Den eigenen Standpunkt sagen und verteidigen können
- Kontakte aufnehmen können
- Zuneigung verlieren können
- Mit sich selbst übereinstimmen, sich selbst akzeptieren
- Fehler zugeben können
- Kritik ertragen können
- Ziele realisieren können
- Die eigenen Grenzen akzeptieren.

Die Ziele in den Selbsthilfegruppen und in professionellen Therapieformen werden zunächst als Globalziele angesprochen und kurz erläutert.

1.) Symptomfreiheit oder zumindest wesentliche Symptomerleichterung:

Das setzt voraus, dass klare Symptome und Beschwerden vorliegen, was aber häufig in der Zeit der Nachsorge nicht mehr der Fall ist. Die vitalen Funktionen wie Schlaf, Essen und Grundstimmung sollten zufrieden stellend und problemlos sein. Ängste sollten gut kontrollierbar sein.

2.) Stabilisierung der Abstinenz:

Dieses bei weitem am häufigsten genannte Ziel in der Nachsorge wird selten konkreter gefasst. Eine Stabilisierung der Abstinenz ist dann erreicht, wenn diese zur Gewohnheit geworden ist. So wie man in einer strengen lebenslangen Diät ganz bestimmte Dinge nicht essen darf und sich daran gewöhnt, so ist es auch mit der Alkoholabstinenz. Ein ständiges dagegen ankämpfen müssen weist daraufhin, dass die Abstinenz noch nicht ausreichend stabil ist. Noch problematischer ist es, so zu tun, als ob die Abstinenz schon stabile Gewohnheit wäre. Man sollte sich immer wieder einmal die Frage stellen: Wie gleichgültig bin ich gegenüber dem Alkohol? – Im Übrigen gilt der Satz: Der Alkohol ist das Risiko eines Absturzes nicht wert.

3.) Stabilität der Persönlichkeit:

Hinweise auf eine stabile Persönlichkeit ergeben sich daraus, inwieweit Sie mit sich selbst übereinstimmen, als Mann oder als Frau, im Beruf, in der Familie und in der Partnerschaft. Anhand Ihrer Zufriedenheit bzw. Unzufriedenheit können Sie überprüfen, wie groß diese Übereinstimmung mit sich selbst in diesen Bereichen ist. Wenn Sie in zwei Bereichen sehr unzufrieden mit sich selbst sind, ist wahrscheinlich Ihre innere Belastung zur Zeit sehr hoch und damit Ihre Stabilität in Gefahr. In der Literatur zur Entwöhnungsbehandlung wird als Ziel oft die „Nachreifung" der Persönlichkeit genannt. Dazu gehört ein individuell unterschiedliches Maß an Selbsteinsicht und Selbstkontrolle. Das heißt z. B. ein Wissen um die eigenen Fähigkeiten, um Wünsche und Befürchtungen sowie ein Erkennen und Akzeptieren eigener Grenzen. Auch meine Unsicherheit und Verwirrung kann ich akzeptieren, mich auf sie einstellen, was nicht heißt, dass ich mich damit abfinde, sondern ich verstehe sie als Hinweis und Chance für meine persönliche Weiterentwicklung.

4.) Netz sozialer Kontakte:

Welche sozialen Beziehungen jemand braucht ist sehr unterschiedlich. Ein Kriterium für die Beurteilung Ihrer sozialen Kontakte könnte sein, ob Sie eine Aussprachemöglichkeit mit einer Vertrauensperson haben, mit der Sie über aktuelle Probleme reden können und dadurch Erleichterung und Entspannung erfahren. Allerdings ist eine Person allein in der Regel zu wenig, auch wenn Sie sich sehr gut mit ihr verstehen. Mehrere Freunde machen Sie weniger abhängig vom guten Funktionieren einer einzigen Beziehung. Sie könnte sonst sehr leicht überstrapaziert werden und kann meist auch nur einen Teil Ihrer sozialen Wünsche und Interessen abdecken.

Selbsthilfegruppen sind hauptsächlich suchtspezifisch ausgerichtet und beziehen sich überwiegend auf die Probleme der Abstinenz. Durch die Konfrontation mit den Lebensgeschichten anderer Betroffener wird die Bereitschaft und der Wille zur Abstinenz gefördert. Das ist unterschiedlich lange notwendig. Manchmal ist es sinnvoll auszuprobieren, wie ich ohne Selbsthilfegruppen zurechtkomme. Gerade bei Selbsthilfegruppen, aber auch bei fortlaufenden professionellen Gruppen muss die Entscheidung aufzuhören keineswegs endgültig sein. Im Gegenteil sollten Sie sich ganz bewusst offen halten, in kritischen Situationen oder auch nach einer gewissen Zeit erneut die Gruppe oder die Therapie aufsuchen zu können.

Das Ende einer Therapie bzw. des Besuchs einer Selbsthilfegruppe kann auch als langsames „Ausschleichen“ oder als eine „Verdünnung“ der Sitzungen gestaltet werden. Das bedeutet, dass die Häufigkeit der Sitzungen allmählich abgebaut wird. Ein abruptes Ende, vor allem ohne die Möglichkeit zu weiteren Kontakten erscheint eher ungünstig.

Das Ende der Nachsorge kann unter Umständen wieder zu einem Aufleben alter Probleme und Konflikte führen. Das hängt mit der Unsicherheit zusammen, mit dem Auf-sich-selbst-gestellt-sein, wenn die Bindung an eine Gruppe gelöst wird und damit Halt und Sicherheit wegfällt. Diese Probleme zu verarbeiten, ist ein ganz wichtiges Ziel am Ende einer Therapiephase. Sie sollten versuchen, sich diesen Konflikten zu stellen und nicht einfach weg zu bleiben. Es ist für Sie und für die übrige Gruppe von Vorteil.

6.3 In der Gruppe nicht akzeptiert

Wenn Sie sich in einer Gruppe nicht anerkannt fühlen, ist das zu tun, was häufig am schwersten fällt, nämlich mit den anderen in der Gruppe oder mit dem Therapeuten zu sprechen.

Grund für eine Ablehnung durch andere Gruppenmitglieder ist meist das eigene Verhalten, auch wenn das zugrunde liegende Bedürfnis oder das Anliegen durchaus berechtigt ist. Oft ist das „Wie sag’ ich es dem anderen“ von entscheidender Bedeutung. Erst wenn das Gespräch daran nichts ändert, stellt sich die Frage, ob ein Wechsel zu einer anderen Gruppe oder zu einem anderen Therapeuten die Situation lösen kann. Eine offene Aussprache wird im Regelfall darüber Aufschluss geben.

6.4 Probleme mit meinem Therapeuten

Konflikte mit Ihrem Therapeuten können natürlich viele Gründe haben, die einerseits mit Ihnen selbst, andererseits mit dem Therapeuten, meist aber mit beiden gleichzeitig zu tun haben. Ich kann den Eindruck haben, mein Therapeut versteht mich nicht. Seine Reaktionen zeigen mir, dass er sich nicht richtig in meine Situation hineindenken kann. Er fasst meine

Probleme und Konflikte falsch auf und gibt mir Ratschläge, mit denen ich nichts anfangen kann.

Zuerst stellt sich hier die Frage, ob Sie Ihr gegenwärtiger Konflikt mit dem Therapeuten an frühere Situationen erinnert. Manchmal ergeben sich Zusammenhänge mit der Beziehung zu den Eltern oder zu anderen wichtigen Bezugspersonen. Wenn solche Erinnerungen bzw. Ähnlichkeiten auftreten, ist weiter zu fragen, ob der Therapeut wirklich so ist, wie ich ihn erlebe. Ich könnte bei ihm leicht Verhaltensweisen und Probleme zu beobachten glauben, die durch meine früheren Erfahrungen bedingt sind (etwa der Therapeut als Vater- oder Mutterfigur). Eigentlich kenne ich ihn im Grunde nur wenig und weiß gar nicht, wie er sich sonst verhält.

Im therapeutischen Gespräch sollten Sie Ihre Fragen, Gefühle und Einfälle so offen als möglich einbringen, auch wenn es Ihnen peinlich ist. Denken Sie daran, dass es für einen Therapeuten nicht ungewöhnlich ist, mit aggressiven oder stark positiven Gefühlen konfrontiert zu werden. Aus einer solchen Offenheit kann sich für Sie ein großer Fortschritt ergeben. Ihr Ziel ist es ja, sich persönlich weiterzuentwickeln und zu lernen, wie Sie Ihre Probleme und Konflikte bewältigen können. Auch Therapeuten haben ihre Einseitigkeiten, ihre blinden Flecke. Wenn Sie übergroße, idealisierende Erwartungen auf eine einzelne Person wie den Therapeuten richten, führt dies zwangsläufig zu Enttäuschungen. Auch das kann wiederum zum Gegenstand eines therapeutischen Gesprächs werden. Wenn Ihre Versuche einer Klärung erfolglos bleiben, wäre es schade, wenn Sie von einer negativen Einzelerfahrung mit diesem Therapeuten auf alle anderen schließen würden. Das verbaut Ihnen den Weg zu einem anderen, mit dem sie vielleicht gut zurecht kommen würden. Trotz ihrer langjährigen Ausbildung kommen Therapeuten nicht mit jedem Betroffenen gleich gut zurecht und von ihrer Persönlichkeit her sind sie so verschieden wie andere Personengruppen auch.

Nach der Prüfung Ihrer Beziehung zum Therapeuten kann der Eindruck bestehen bleiben, dass er oder sie Ihnen nicht weiterhelfen kann, dass er oder sie immer wieder die gleichen Punkte anspricht und die gleichen Vorschläge macht, mit denen Sie aber nichts anfangen können. In jedem Fall ist zunächst ein offenes Gespräch in der Gruppe oder mit dem Therapeuten allein wünschenswert. Kritik und Ablehnung können genauso peinlich sein wie erotische Phantasien. Es erfordert Mut, die Beziehung zu ihm oder ihr offen anzusprechen. Wenn Sie dies aber tun, ist das ein guter Hinweis, dass sie genug Selbstbewusstsein haben, über schwierige Konflikte sprechen zu können. Wenn Sie in einer Gruppe sind, können Sie auch andere fragen und dabei überprüfen, inwieweit Sie mit Ihrer Meinung richtig liegen. Das ist beispielsweise ein wichtiger Vorteil von Gruppen- gegenüber Einzelgesprächen. Die Rückmeldung durch andere Gruppenmitglieder, auch wenn sie manchmal unbequem und hart sein mag, bringt Ihnen mehr Realitätsnähe.

6.5 Auseinandersetzung mit anderen

Wenn Sie sich einmal besonders hart mit einem anderen Gruppenmitglied auseinandergesetzt haben und dieses bleibt danach der Gruppe fern, werden Sie wahrscheinlich in den nächsten Sitzungen ein unruhiges Gewissen haben. Sie werden sich fragen: Was ist mit ihm los, dass er nicht mehr gekommen ist? Ist er wegen mir weggeblieben oder hat er ganz andere Gründe, die mit mir überhaupt nichts zu tun haben? – Das Gespräch in der Gruppe oder mit dem Therapeuten wird sicherlich die Situation klären. Es werden Möglichkeiten besprochen, was Sie am besten tun können, z. B. den Betroffenen anrufen und ihn zu einem Gespräch bitten. Auch Regeln zu einem für beide erfolgreichen Streiten können je nach Gruppenart, z. B. in einer verhaltenstherapeutisch orientierten Gruppe eingeübt werden. Dazu gehört, dass man anstelle von Vorwürfen seine Wünsche äußert und dass man statt über Wut und Ärger mehr von seiner Kränkung spricht. Wichtig ist das konkrete Ausprobieren, sei es in einer Gruppe oder direkt in verschiedenen Alltagssituationen. Auch die anderen Teilnehmer können durch die eigene Betroffenheit frühere Erfahrungen wieder aktivieren und bearbeiteten.

Eine Auseinandersetzung in der Gruppe kann dazu geführt haben, dass ich mich als Verlierer oder als Sieger fühle. In beiden Fällen wirkt die Erfahrung über die aktuelle Auseinandersetzung hinaus oft noch sehr viel länger nach. Als Verlierer fühle ich mich unbehaglich, weil ich glaube, mein Gesicht verloren zu haben, weil ich mich schäme, weil ich keine Chance mehr sehe, anerkannt und gemocht zu werden, oder weil ich das Gefühl habe, ohne Unterstützung durch die anderen nicht weiterzukommen. Aber auch aus der Position eines Verlierers kann ich Positives herausholen, wenn ich mich mit Zähigkeit und Ausdauer darum bemühe.

Dazu als erstes wiederum die Frage: Kenne ich die Situation von früher? – Geht es mir öfter so? – Sie erkennen dann, ob Sie häufiger in ähnlicher Weise reagieren. Wenn Ja, heißt dies, dass der eigene Anteil an einer solchen Konfliktsituation besonders zu beachten ist. Sie sollten versuchen, diesen Anteil im Gespräch mit anderen genauer zu klären.

Kann und will ich die Kränkung als Verlierer akzeptieren? – Welche verschiedenen Reaktionen ergeben sich in der Rolle des Verlierers? Welche kann ich akzeptieren, welche nicht? – Was will ich daran ändern?

Besonders kritisch ist es als Verlierer bloßgestellt zu werden, sei es, dass andere diese Situation ohne Bedenken weitererzählen könnten oder sei es, dass ich selbst meine scheinbare Blamage nicht akzeptieren kann oder will. Ob es überhaupt eine Niederlage gewesen ist, setzt voraus, dass der Ausgang der Auseinandersetzung von mir abhängig war. Sie stoßen hier wiederum auf die zentrale Frage: Was unterliegt meinem Einflussbereich, was nicht, (siehe Abschnitt über den Gelassenheitsspruch – Seite 116).

Aber auch für den Gewinner ist die Situation nicht so einfach, wie man sich das vielleicht vorstellt. Ich kann gegenüber dem Verlierer beispielsweise ein schlechtes Gewissen bekommen und die Befürchtung haben, seine Sympathie und Zuneigung zu verlieren oder mir einen hartnäckigen Feind geschaffen zu haben. Eine andere Gefahr besteht darin, dass ich als Gewinner überheblich werde und dadurch die Gefahren und Schwierigkeiten nicht mehr realistisch einschätzen kann (siehe auch Abschnitt „Ich möchte immer besser sein als andere“ Seite 124).

6.6 Eine Gruppe löst sich auf

Wenn eine Gruppe nur vier oder fünf Leute umfasst und nach kurzer Zeit ein oder zwei ausscheiden, dann gerät die ganze Gruppe in Gefahr, sich als Versager zu erleben. Dieses Problem betrifft sowohl den Therapeuten als auch die restlichen Gruppenmitglieder, die weiter teilnehmen wollen. Auch mit drei Leuten lässt sich für eine gewisse Zeit eine Gruppe weiterführen, die Gefahr einer Auflösung ist aber ständig vorhanden, auch wenn die Gruppensituation erfolgreich geklärt worden ist.

Die Auflösung einer Gruppe bedeutet das Ende einer Zeit mit regelmäßiger Aussprache, einer Zeit der Rückbesinnung und der Klärung von Konflikten und damit das Ende einer Phase der Sicherheit und des Rückhalts. Die Auflösung einer Gruppe kann sehr dramatisch sein, wenn z.B. ein Betroffener rückfällig geworden ist, ein anderer in eine andere Stadt zieht und ein dritter einfach für sich keinen Sinn mehr sieht, weiterhin die Gruppe zu besuchen. Das kann bei einigen zu tiefer Verunsicherung führen, andere reagieren mit Gleichgültigkeit oder sogar Erleichterung, in jedem Fall ist das eine Gelegenheit, zu sehen, wo ich in meiner eigenen Entwicklung stehe und was mir wichtig ist. Trotz aller Probleme und Schwierigkeiten kann eine solche Krise auch als Chance genutzt werden, als ein Stück Wirklichkeit, wo ich lernen kann, Einfluss auf mich und andere zu nehmen und vor allem die Entscheidung der anderen zu akzeptieren.

6.7 Paarbildung

Die Bildung von Paaren mit intensiver privater Beziehung, womit nicht nur eine intime Beziehung gemeint ist, kann für eine Gruppentherapie sehr leicht zu einem Problem werden. Stellen Sie sich vor, dass Sie jemanden in der Gruppe so sympathisch und anziehend finden, dass Sie mit ihm eine intime Beziehung eingehen. Dadurch wird ihr Verhältnis zu der gesamten Gruppe deutlich verändert. Sie werden überlegen, was Sie über Ihre Beziehung in der Gruppe ansprechen und was nicht. Sie werden sich außerdem fragen: Wie erlebt mich mein Partner in der Gruppe? Ich möchte besonders gut dastehen und bin weniger bereit, über eigene Probleme zu sprechen, insbesondere nicht über Schwierigkeiten mit dem Partner. Auch die Gruppe weiß meist nicht so recht, wie sie mit dem Paar umgehen soll. In der Regel ist jedes Gruppenmitglied für sich, das heißt ohne anwesenden Partner. Jetzt sitzen zwei Leute in der Gruppe, die sich häufiger sehen und intensiver kennen. Die Gefahr für das Paar und für die Gruppe besteht darin, dass es sich abkapselt und die übrigen als Störung und Gefahr für die eigene Zweierbeziehung sieht. Umgekehrt kann die Aufmerksamkeit der Gruppe ganz auf das Paar mit seinen Problemen und Konflikten konzentriert sein, so dass die anderen Gruppenmitglieder zu kurz kommen. Ein offenes Gespräch mit dem Gruppenleiter ist empfehlenswert, um die Unsicherheit des Paares mit ihrer neuen Rolle in der Gruppe zu klären. Entscheidend ist dabei, dass die Gruppe nicht als ständige Gefahr für die Entwicklung der Zweierbeziehung gesehen wird. Möglicherweise ist auch eine Aufteilung in zwei Gruppen erforderlich.

6.8 Geringe Therapiebereitschaft

Die Bereitschaft, an einer Therapie teilzunehmen, wird immer Schwankungen unterworfen sein. Es ist schwierig, die Bedeutung von diesem Auf und Ab einzuschätzen.

Eine problematische Einstellung zur Therapie zeigt sich

- im häufigen zu spät kommen, vor allem wenn das sonst untypisch für Ihr Verhalten ist,
- in Gefühlen der Langeweile und im gedanklichen Abschweifen vom aktuellen Geschehen in der Gruppe,
- im Wunsch nach Beendigung der Sitzung,
- in ständiger Müdigkeit oder Kopfschmerzen während der Sitzung,
- in einer geringen Beteiligung am Gruppengeschehen und schließlich
- im Wegbleiben (entschuldigt oder unentschuldigt).

Wenn einer oder mehrere dieser Punkte häufiger vorkommen, sollten Sie über Ihre Bereitschaft zur Therapie, aber auch zur Abstinenz nachdenken. Die einzelnen Hinweise aus Ihrem Verhalten wollen etwas zum Ausdruck bringen. Versuchen Sie hinzuhören, indem Sie eine Antwort auf solche Fragen suchen: Was sagt mir das ständige zu spät kommen, was könnte die Langeweile zum Ausdruck bringen wollen, wenn diese frei und ungehemmt „reden" könnte?

Nicht jedes zu spät kommen bedeutet gleich Alarm oder Abbruchkrise; eine abnehmende Motivation kann auch signalisieren, dass jetzt der Zeitpunkt gekommen ist, ohne regelmäßige Verbindung zu einer Gruppe allein auf sich gestellt, aber mit seinen üblichen sozialen Kontakten den eigenen Weg zu gehen.

Wenn Sie gleichsam von außen die Wichtigkeit weiterer Therapie bzw. Selbsthilfe einschätzen wollen, dann können Sie dafür die folgenden drei Fragen bedenken:

1.) Wie sicher bin ich mir bezüglich der Alkoholabstinenz?

2.) Welche sonstigen Beschwerden und Konflikte habe ich, die eine weitere Therapie als nützlich erscheinen lassen?

3.) Ist es mir wichtig, im Rahmen der Therapie mich selbst weiter zu entwickeln und mehr über mich und andere zu erfahren (ohne dass bestimmte Symptome und Beschwerden vorliegen)?

Selbsthilfe- und Nachsorgegruppen sind oft stark Sucht spezifisch ausgerichtet. Möglicherweise können sie zuwenig auf Ihre ganz individuelle Problematik eingehen. Versuchen Sie diese Frage mit dem Therapeuten und mit anderen Gruppenmitgliedern zu klären.

Vielleicht haben Sie auch den Eindruck, dass die Ansätze Ihres Therapeuten bei Ihnen nicht mehr weiterführen. Eine solche Erfahrung kann völlig realistisch sein, sie kann aber auch Ausdruck von Widerstand gegen die Beschäftigung mit unangenehmen Einsichten sein. Es ist oft nicht leicht zu unterscheiden: Was ist persönlich durch meine spezielle Problematik bedingt und was liegt eher an der Vorgehensweise des Therapeuten? Fast immer ist es nützlich, mit einem anderen Betroffenen darüber zu reden, wie er das sieht. Manchmal ist es allerdings am besten mit einem anderen Therapeuten Kontakt aufzunehmen und ihn nach seiner Meinung zu fragen oder eine kurze Therapieerfahrung zum Kennen lernen einer anderen Therapieform zu machen. So gibt es in größeren Städten so genannte „Gesundheitsparks" oder Volkshochschulen, die ein vielfältiges Angebot haben, und das Sie nutzen können, um sich einen besseren Überblick über das oft verwirrende Beratungs- und Therapieangebot zu verschaffen (siehe auch Literaturverzeichnis im Anhang).

6.9 Einengung auf die Gruppe

Eine Gruppe kann unter Umständen sehr viel Zeit und Kraft beanspruchen, insbesondere wenn sich die Mitglieder auch außerhalb der eigentlichen Sitzungen häufiger treffen, sich gegenseitig besuchen und ihre Freizeit miteinander verbringen. Das kann von Vorteil für alle sein. Jeder hat das gleiche Problem, es gibt keine Rangordnung, es entwickelt sich ein Wir-Gefühl nach dem Motto, wir sitzen alle im gleichen Boot. Die Gruppe vermittelt Geborgenheit und Halt, sie ermöglicht intensive Kontakte und sie ermöglicht auch, in der Rolle des Helfers anderen beizustehen. All diese positiven Aspekte können sich aber so stark auswirken, dass der ursprüngliche Freundeskreis immer mehr in den Hintergrund tritt. Wenn Sie feststellen, dass für Sie außer der Gruppe praktisch keine anderen Freundschaften mehr existieren, dann wäre es gut, sich diese Entwicklung genauer anzuschauen. Eine Einengung ihres Bekanntenkreises nur auf Betroffene ist ungünstig, weil Sie dadurch ein Stück Welt und Wirklichkeit ausklammern.

6.10 Betroffenheit durch die Probleme anderer

Wir sind immer stark genug,
fremden Kummer zu ertragen.
La Rochefoucauld

Ein schwerer Rückfall oder gar der Tod eines Gruppenmitgliedes stellt für die Gruppe eine starke Belastung dar und kann manchmal auch zu einer Krise führen, sei es für einen Einzelnen oder für die Gruppe als Ganzes. Die Gruppe ist erschüttert, enttäuscht, kann es nicht fassen. Haben wir versagt? Der eine oder andere hat vielleicht ein unruhiges Gewissen und das Gefühl sich zuwenig um den anderen gekümmert zu haben. Er wirft sich vielleicht vor, irgendeinen Hinweis, irgendein Anzeichen für seine Gefährdung nicht ernst genug genommen zu haben. Ein anderer hat Angst, es könnte ihm selbst einmal so ergehen. Die eigenen Barrieren könnten ins Wanken kommen, die Zuversicht und Hoffnung, es zu schaffen, werden in Frage gestellt. Wenn der es nicht geschafft hat, warum sollte gerade ich es schaffen?

Solche und ähnliche Gedanken und Befürchtungen liegen gleichsam in der Luft. Sie sollten zunächst gehört und ernst genommen werden, aber sie erfordern auch eine Antwort, und dafür braucht man als Gegengewicht eine optimistische und realistische Haltung zu ihrer Bewältigung.

Als erstes zum Mitgefühl. Sich in jemand anderen hineindenken und mitfühlen zu können ist eine positive Fähigkeit in verschiedener Hinsicht

- Ein Mitleiden an den Schwierigkeiten eines anderen kann Sie und die anderen Gruppenmitglieder dazu bringen, mit größerer Energie und Tatkraft nach einer Lösung des Problems zu suchen. Sie erleben dabei Ihre eigene Kraft und Stärke, aber ebenso oft auch Ihre Grenzen.
- Oft ist für ein Gruppenmitglied die Rückmeldung der durch ihn ausgelösten inneren Reaktionen, sei es Mitgefühl, sei es Anerkennung oder Ablehnung, ganz wichtig und hilfreich.
- Wenn eigene, ungelöste Konflikte aktiviert werden, ist dies eine gute Gelegenheit sie mit einzubringen und für sie gleichfalls nach einer Lösung zu suchen.

Stark belastend wird die Situation dann, wenn Sie oder die ganze Gruppe für ein wichtiges Problem über längere Zeit keinen Lösungsweg sehen und sich ein anhaltender Zustand der Hilflosigkeit ausbreitet, beispielsweise dann, wenn vielleicht ein Gruppenmitglied längere Zeit aus einem Rückfall nicht herauskommt oder ein Dauerkonflikt in der Familie sich weder vorwärts noch rückwärts bewegen lässt. Es gibt aber auch die häufige Situation einer kurzfristigen Hilflosigkeit. In beiden Fällen gilt es, Hilflosigkeit als einen vorübergehenden Zustand zu akzeptieren und auszuhalten. Entscheidend ist letztlich die altbekannte Frage, ob ich darauf überhaupt Einfluss habe oder nicht. Wenn nicht, sollte ich versuchen, meinen dahinter liegenden Wunsch in Frage zu stellen.

Eine zu große Belastung durch die Probleme anderer kann auch bedeuten, dass Sie sich nicht ausreichend abgrenzen können. Suchen Sie in diesem Fall nach eigenen Erfahrungen der Abgrenzung, z. B. früher gegenüber den Eltern, heute den Kindern oder dem Partner gegenüber. Versuchen Sie sich jeweils in beide Seiten hineinzudenken und einen Dialog zu phantasieren: Was sagte der eine Teil, was der andere? Wie wird es dem einen und anderen Teil jeweils ergehen?

Sich für andere stark zu schämen, weist ebenfalls auf eine übergroße Identifikation und eine zu geringe Abgrenzung hin.

Solchen Reaktionen können ganz unterschiedliche Haltungen zugrunde liegen: die andere Person wird als Ergänzung und Erweiterung der eigenen Persönlichkeit gesehen, weil man Angst hat, diese Anteile selbst zu leben. Ängste und Befürchtungen können dann leicht dem anderen zugeschrieben werden. Oder: Das Mitgefühl und Engagement für den anderen lenkt von eigenen Schwierigkeiten ab.

Auch die Kraft der Gruppe und der Einfluss der Therapie oder des Therapeuten haben ihre Grenzen. Aber niemand kann genau voraussagen, wo diese liegen. Das kann nur im einzelnen erlebt und erfahren werden.

7. Religion und Sucht

7.1 Erfahrungen mit Religion

In unserem Kulturkreis sind Sie wahrscheinlich in christlich-religiöser Tradition aufgewachsen, haben sich aber später kaum mehr mit religiösen Fragen beschäftigt. In Zeiten der Not haben Sie vielleicht manchmal automatisch ein kurzes Gebet als Hilferuf gesprochen. Vielleicht haben Sie die Erfahrung gemacht, dass Ihnen ein solches Gebet oder die Beziehung zu einer religiösen Gemeinschaft hilfreich waren. Möglicherweise haben Sie auch einige Zeit in einer stark religiös ausgerichteten, therapeutischen Gemeinschaft gelebt, um von der Sucht wegzukommen. Alle diese Kontakte können Ihnen nützlich gewesen sein. In der Regel werden diese Beziehungen zum Religiösen Sie aber nicht von der Sucht befreit haben. Damit sei nicht in Frage gestellt, dass streng religiös ausgerichtete therapeutische Gemeinschaften Ihnen im Suchtbereich helfen können. Das ist durchaus möglich, aber nicht über den Weg des spezifisch Religiösen, sondern über den Weg eines spezifischen Therapieprozesses, der davon abhängig ist, welche Methoden jeweils eingesetzt werden. Wenn Ihre Erfahrungen mit Kirche und Religion aber nicht so positiv waren und Sie von dieser Seite wenig Verständnis und Hilfe für die Bewältigung der Sucht erfahren haben, dann sollten Sie sich ebenfalls klar machen, dass Religion und Sucht nicht wesentlich miteinander zusammenhängen.

Wie in allen Gesellschaftsgruppen, gibt es auch unter den offiziellen Vertretern der Kirchen zahlreiche von Sucht Betroffene. Das lässt sich weder der Kirche noch einem schwachen Glauben des Betroffenen anlasten. Entscheidend erscheint, dass es dem Betroffenen gelingt, seine Sucht unabhängig von der Religion bzw. der Kirche als eine Krankheit anzunehmen. Die Kirche ist weder Ursache noch Therapie der Sucht. Sie kann zwar einen Beitrag leisten, der die Lage des Betroffenen erleichtert oder erschwert, aber ein therapeutisches Angebot wird dadurch nicht ersetzt.

Religion und Psychotherapie haben unterschiedliche Zielsetzungen: Religion ist auf das „Seelenheil" ausgerichtet und weist über das diesseitige Leben hinaus. Psychotherapie soll jemandem helfen, Störungen seines

Erlebens und Verhaltens zu bewältigen. Psychotherapie ist kein Ersatz für Religion und umgekehrt. Beides hat seinen eigenen Bereich: Religion beansprucht, für jeden da zu sein, für den Glücklichen wie für den Unglücklichen, für den Gesunden wie für den Kranken. Therapie dagegen bezieht sich auf Störungen, auf chronische Konflikte, auf Krankhaftes und ist daher nicht für jeden erforderlich. Psychotherapie vermittelt kein Glück, weder ein irdisches und schon gar kein überirdisches, sie versucht nur die Basis für ein zufriedeneres Leben zu verbessern.

In früheren Jahrhunderten wäre die Religion und nicht die Medizin und Psychologie für die Lösung des Problems „Sucht" zuständig gewesen. Damals herrschte die Vorstellung vor, dass Sucht eine moralische Verfehlung oder eine Besessenheit vom Bösen sei („religiöses" Suchtmodell). Es gibt aber auch heute noch Religionen, die eine solche Aufgabenteilung nicht akzeptieren und für alle Bereiche ausschließliche Zuständigkeit beanspruchen.

Geschichtlich betrachtet folgte nach dem religiösen Modell der Sucht das „bürgerliche", ein mehr auf Selbständigkeit und Willensstärke des Einzelnen Wert legendes Modell. Sucht wird jetzt als Problem des Willens und der Disziplin verstanden. Dieses Konzept ist heute noch weit verbreitet, es betont die Verantwortung des Betroffenen für sein Verhalten und lässt ihn allerdings damit auch allein.

Mit der gesellschaftlich akzeptierten Sichtweise, Sucht als Krankheit zu betrachten, verlagerte sich die Zuständigkeit für die Lösung des Problems in zunehmendem Maße auf das Gesundheitssystem. Als Kranker bin ich von Schuld und Leistungsdruck befreit, ich bekomme Unterstützung und Hilfe, ich werde andererseits aber auch als schwach und hilfebedürftig angesehen und soll mich bestimmten Heilverfahren unterziehen, um wieder ein voll funktionsfähiges Mitglied der Gesellschaft zu werden. Manche Kritiker des Krankheitsmodells sprechen wegen der damit verbundenen Nachteile auch von einer „Stigmatisierung" durch das Etikett „Krankheit". Diese Kehrseite der sozialen Akzeptanz als Krankheit lässt sich abschwächen, bleibt jedoch im Prinzip bestehen. Die Pflicht zur aktiven Mitarbeit verbleibt bei dem jeweils Betroffenen, ohne seinen Beitrag kommt es nicht zu einer Bewältigung seiner Sucht.

Alle diese verschiedenen Konzepte von Sucht leben weiter, weil jedes einzelne auch etwas Zutreffendes anspricht. Jedes Modell hat Vor- und Nachteile. Das Krankheitsmodell der Sucht erscheint aber als der vergleichsweise nützlichste Ansatz, wenn man Krankheit nicht eng als körperliche Krankheit auffasst und Therapie im Kern als Hilfe zur Selbsthilfe betrachtet.

Bei der weiteren Darstellung der Beziehungen von Religion und Sucht soll einem möglichen Missverständnis vorgebeugt werden. Die Hinwendung zur Religion soll keinesfalls grundsätzlich auf psychologische Probleme und Konflikte zurückgeführt werden, auch wenn hier die psychologische Sichtweise im Mittelpunkt der weiteren Überlegungen steht. Wer sich für seine christliche Religion näher interessiert, wendet sich am besten an seinen Pfarrer, der ihm weiterhelfen wird, sich intensiver damit zu beschäftigen oder er sucht nach Literatur im Internet (siehe auch Anhang 8.8). Wenn jemand eine fremde Religion oder eine Sekte näher kennen lernen möchte, sollte er in jedem Fall zunächst etwas darüber lesen, bevor er sich auf persönliche Gespräche einlässt (siehe dazu die Literaturempfehlungen im Anhang). Vor allem sollte er aber prüfen, wie seine innere Situation ist, aus der heraus er sich religiösen Fragen zuwendet.

Zunächst wird versucht, die wichtigsten Aspekte der inneren Ausgangssituation darzustellen, die aus psychologischer Sicht die Bereitschaft zur Beschäftigung mit Religion, aber auch mit Aberglauben und mit esoterischen Praktiken bestimmen. Ob man von einem Grundbedürfnis nach einem überirdischen, religiösen Bereich sprechen kann, ist wissenschaftlich umstritten und soll deshalb hier offen bleiben.

Ausgangssituationen

Religiöse Erziehung

Wenn Sie in einer religiösen Tradition aufgewachsen sind und weiter in ihr leben, haben Sie wahrscheinlich versucht, dort Kraft und Trost zu finden. Vielleicht ist Ihr Problem Sucht durch den religiösen Bezug ein wenig erträglicher geworden, auch wenn sich dadurch nicht eine Bewältigung der Sucht ergeben hat.

Vielleicht sind Sie aber auch von Religion und Kirche enttäuscht worden, weil Sie von den persönlichen Vertretern der Religion oder von ihren Einrichtungen zu vieles erwartet haben. Diese negativen Erfahrungen haben wahrscheinlich Ihre Einstellung zu Religion und Kirche geprägt.

Suche nach Sinn und Orientierung

Wenn Sie aktiv nach Orientierung für Ihr Leben, nach Lebensstruktur und Lebenssinn suchen (Das Glück der Fülle, Schmid 2007, siehe auch Abschnitt Problem der Sinnlosigkeit, S. 117), dann werden Sie sich auch mit weltanschaulichen und religiösen Fragen beschäftigen (siehe z.B. Urban 2005). Religiöse Systeme bieten in der Regel ein umfassendes Erklärungssystem sowie eine umfassende Welt- und Werteordnung an und vermitteln eine Anleitung zur Lebensgestaltung.

Psychotherapien können und wollen kein geschlossenes Wertesystem weitergeben. Das bedeutet jedoch nicht, dass ihnen keine Wertvorstellungen zugrunde liegen. Psychotherapien versuchen im Allgemeinen so weit als möglich offen zu sein für unterschiedlichste Kulturen und Weltanschauungen. Sie vertreten meist allgemeine humanistische Wertvorstellungen, z. B. die Würde und Freiheit des einzelnen, aber sie selbst vermitteln kein festes Lebenssystem und keine umfassende Weltanschauung. Wo das im Rahmen einer Therapie doch versucht wird, ist Vorsicht angebracht und eine bewusste Entscheidung dafür oder dagegen erforderlich. Zu einer solchen Klärung können Psychotherapien einen Beitrag leisten.

Die verschiedensten Formen des Religiösen ergeben ein breites Angebot für die Bedürfnisse jedes einzelnen: Sie bieten Informationen und Ratschläge für jede Situation. Sie ermöglichen persönliche Beziehungen und versprechen Geborgenheit und Glück, wenn es gelingt, entsprechend ihren Geboten und Regeln zu leben. Eine unbekannte, exotische religiöse Lehre ist für manchen besonders anziehend und kann viele Hoffnungen und Vorstellungen wecken, wenn traditionelle Wertesysteme und Religionen fragwürdig und abgenutzt erscheinen. Versuchen Sie sich deshalb über Ihre Motive klar zu werden, sprechen Sie mit Personen, die dazu mehr Abstand haben.

Beziehungen

Vielleicht sind Sie von einem nahe stehenden Menschen tief enttäuscht worden und suchen nun nach einer Möglichkeit, damit fertig zu werden. Religiöse Erfahrung und Beratung bieten sich an, Ihnen dabei zu helfen. – Hier stellt sich die Frage, ob Psychotherapie und psychologische Beratung oder religiöse Unterstützung für Sie angemessener sind. Diese Entscheidung kann aber nur für den Einzelfall getroffen werden. Sie ist abhängig von Ihrer Neigung, von der Art und Stärke der Problematik selbst und von dem jeweils vorhandenen Angebot an Hilfen. Sie können sich zunächst selbst fragen: Weshalb neige ich mehr zu dieser Form, weshalb mehr zu jener? Ein Gespräch mit einem Pfarrer oder mit einem Psychotherapeuten trägt viel zur Klärung Ihres Problems bei. Manchmal bleibt nur ein Ausprobieren und Erfahrung sammeln.

Therapieerfahrung

Möglicherweise sind Sie enttäuscht, dass die verschiedenen Therapieansätze mit ihren Techniken und guten Ratschlägen und die Therapeuten als ihre Vertreter Ihnen nicht die entscheidende Einsicht oder die umfassende Lösung für Ihre Lebensprobleme vermitteln konnten. Eine Gesamtlösung haben sie auch gar nicht zu bieten. Allen therapeutischen Angeboten haftet etwas Begrenztes, Vorläufiges, Unvollkommenes an. Therapie ist oft mit Mühe und manchmal mit Enttäuschungen verbunden. Vielleicht haben Ihre Bemühungen um Klärung und um persönliche Weiterentwicklung in den Selbsthilfegruppen und während der Psychotherapie nicht zu einer für Sie befriedigenden Entwicklung geführt. Deswegen hoffen und warten Sie auf einen neuen, Ihr ganzes Leben bestimmenden Weg, der über die Begrenztheit therapeutischer Ansätze hinausreicht.

Vielleicht haben Sie die Erfahrung gemacht, dass Sie als Betroffener in ein Schema gepreßt und als „Fall“ behandelt worden sind, ohne dass Sie sich als Person akzeptiert und verstanden gefühlt haben. Diese Enttäuschung und Kränkung kann sich schließlich auf alle therapeutischen Ansätze übertragen und zu einer allgemeinen Abneigung gegen Therapie geführt haben.

In Ihrer Therapie können die Themen Lebenssinn und Wertvorstellungen, Religion und Überirdisches völlig gefehlt haben. Sie spüren dann unter Umständen ein wachsendes Bedürfnis nach Beschäftigung mit spirituellen und religiösen Fragen. Bevor darauf weiter eingegangen wird, erscheint eine kurze Begriffserklärung im Umfeld zu diesem Bereich hilfreich.

Begriffsklärung: Psyche, Seele, Geist, Spiritualität und Esoterik

Begriffe unterliegen einem ständigen Wandel. Manche verbrauchen sich, bekommen einen schlechten Ruf und werden durch andere ausgetauscht. Das gilt in besonderem Maße für die oben genannten Begriffe. Um einen weltanschaulichen oder religiösen Standpunkt von Verstand (Wissen) und Vernunft (Gesamtbeurteilung nach Erfahrung und Moral) abzugrenzen und diesen weniger angreifbar zu machen, werden immer wieder neue Begriffe geprägt oder alte Begriffe in einen neuen Verwendungszusammenhang gestellt, wie z. B. die Modebegriffe Spiritualität und Esoterik. Die Begriffe Psyche und Seele werden oft als gleich aufgefasst, wenn man einmal von der Seele im spezifisch religiösen Kontext absieht. In der Psychologie meint Psyche sowohl das Erleben als auch das beobachtbare Verhalten (einschließlich des Handelns) einer Person. Vereinfacht wird dabei zwischen psychischen Kräften (Antrieb, Bedürfnis, Motiv) und psychischen Funktionen oder Fähigkeiten (Kompetenzen) unterschieden. Wissenschaftlich betrachtet, gibt es kein Erleben und Verhalten ohne entsprechende körperliche Vorgänge (biologische, meist neurobiologische Korrelate). Gefühle, Verstand und Vernunft gehören zusammen und bilden die Psyche des Menschen. Die Verwendung des Begriffs Geist zielt auf den Bereich des bewussten Erlebens und Denkens ab, das im Zentralnervensystem abläuft, und klammert dabei den emotional körperlichen Bereich weitgehend aus (Geist im Gegensatz zum Körper, aber auch Seele im Gegensatz zum Körper). Vernunft und Verstand als Urteilsfähigkeit werden dem Geist zugeordnet. Spiritualität meint einen geistigen Bereich jenseits von Sinneswahrnehmung und jenseits von Verstand und Vernunft. Spiritualität steht dem religiösen Kontext und der Esoterik nahe und bleibt mit guten Gründen vage und geheimnisvoll. Esoterik ist eine Sammelbezeichnung für unterschiedlichste, empirisch nicht überprüfbare Anschauungen und Praktiken (z. B. Energieflüsse, Talismane u. a.) die nicht den Status einer Religion erreicht haben (siehe auch 7.2).

Glaube als Ersatz für Sucht?

Nicht erst seit dem berühmten Wort von Karl Marx über die Religion als Opium für das Volk ergeben sich zwischen der Abhängigkeit von religiösen Systemen und Praktiken und der Abhängigkeit vom Suchtmittel einige, nicht leicht zu fassende Zusammenhänge.

Das Suchtmittel Alkohol ist, als der schädliche Freund, für manche ein allgemeiner Konflikt- und Problemloser geworden. Was kann diese Sucht ersetzen?

In Religion und Sucht gibt es einige Aspekte, die sich miteinander in Beziehung bringen lassen:

1. Das Religiöse übersteigt den Einzelnen und die vom Menschen geschaffenen Hilfen. Es gibt etwas Höheres, zu dem ich mich als Betroffener hingezogen fühlen darf, ohne die Kränkungen der Unterlegenheit und Abhängigkeit erleben zu müssen. Mit der Sucht sind oft Größenphantasien und Wünsche nach Stärke und Macht verbunden, die in religiös gestalteten Phantasien ihren Ausdruck, aber auch ihre Begrenzung finden können, so dass die eigene Abhängigkeit und Begrenztheit leichter akzeptiert werden kann.

2. Eine religiöse Lehre bietet in der Regel eine umfassende Erklärungsgrundlage für unser Leben und ein System von Lebensregeln für Aufgaben, Probleme und Konflikte. Technologisch ausgedrückt ist Religion eine Art allgemeiner Problemlöser. Inwieweit ein solcher Anspruch auch erfüllt werden kann, lässt sich nur im Einzelfall überprüfen. Sicher ist aber, dass ein System, das für alle Bereiche des Lebens gleich wichtig und bestimmend sein will, problematisch und fragwürdig ist.

3. Die Teilhabe am Überirdischen kann gleichzeitig über die eigene Begrenztheit und Unvollkommenheit hinwegtrösten und eine Erfahrung der teilhabenden Harmonie und Vollkommenheit vermitteln.

4. Damit zusammenhängend versprechen religiöse Systeme einen Lebenssinn, eine fest gefügte Lebensordnung, ein umfassendes Wertesystem und Lebensglück. Das Suchtmittel dagegen verspricht ein zwar schnelles, aber nur scheinbares und flüchtiges Glück.
5. Religionen bieten dem Einzelnen oft eine persönliche Gemeinschaft in einer familiären Atmosphäre. Diese Einbindung kann sehr verschieden aussehen, von regelmäßigen Treffen einer Gruppe bis hin zu ordensähnlichen Lebensgemeinschaften. Dieses Angebot persönlicher Bindungen kann Ersatz sein für die Suchtfunktionen Wärme, Geborgenheit und Sicherheit. Die Kehrseite enger Gemeinschaften ist allerdings die Einschränkung von Freiheit und Unabhängigkeit.
6. Das Religiöse in seiner mehr mystischen oder meditativen Form verspricht einen Zugang zu einem überirdischen, außersinnlichen Bereich. Besonders für Drogenabhängige mit ihrer Sehnsucht nach bewusstseinserweiternden Erfahrungen kann der Zugang zu einem andersartigen Bewusstseinszustand und übersinnlichen Erlebnisformen attraktiv sein. Auch das Suchtmittel verspricht solche Erfahrungen, aber mit einem bequemeren schnellen Zugang.

Religion kann hauptsächlich auf Fragen nach dem Sinn des Lebens Antworten geben. Allerdings gibt es auch Therapierichtungen, wie z.B. die Logotherapie nach Victor Frankl (z.B. Frankl, 2007, 20. Auflage), die sich speziell mit der Sinnfrage beschäftigt und versucht, dazu religionsunabhängige Antworten zu entwickeln.

Religion und Suchttherapie liegen auf verschiedenen Ebenen: Die Einbindung in religiöse Gemeinschaften kann zwar die Bewältigung der Abhängigkeit erleichtern, wie das auch durch andere persönliche Beziehungen geschehen kann, aber sie stellt keine Lösung für die Suchterkrankung dar und will dies im Allgemeinen auch gar nicht sein. Wo immer dieser Anspruch der Heilung von der Sucht durch Religion versprochen wird, ist Wachsamkeit und Skepsis erforderlich.

Therapie und Selbsthilfe im Suchtbereich haben nicht die Aufgabe, das persönliche Lebensglück sicherzustellen oder einen umfassenden, letzten Lebenssinn zu vermitteln, sondern sie tragen dazu bei, die inneren Fähigkeiten dafür zu verbessern. Therapie und Selbsthilfe können in einer konkreten Situation auf einen ganz bestimmten Sinn hinweisen, ihn aber nicht einfach auf den Betroffenen übertragen, wie beispielsweise Blutplasma übertragen werden kann. Auch der Zugang zu Bewusstseinserweiterung und zur außersinnlichen Erfahrung ist nicht Aufgabe von Selbsthilfe und Psychotherapie. Diese können und sollen aber nachdrücklich darauf hinweisen, wenn sich jemand wegen psychischer Probleme und Konflikte in eine, für ihn nicht mehr kontrollierbare, neue Abhängigkeit von einer religiösen Gemeinschaft oder einer charismatischen, guruhaften Persönlichkeit begibt – als Ersatz für seine Abhängigkeit vom Suchtmittel.

Ein therapeutischer Ansatz muss sich gefallen lassen, an seinen objektiv feststellbaren Erfolgen gemessen zu werden. Bei religiösen Systemen kann das nicht der Fall sein, es sei denn, sie erheben den Anspruch, ein Ersatz für Therapie zu sein und Gesundheit bewirken zu können. Jede religiöse Bewegung oder esoterische Praktik muss es sich jedoch gefallen lassen, dass sie nach den Bedürfnissen und Motiven analysiert wird, die sie befriedigen will. Wenn dieser Hintergrund klar ist, kann jeder bewusst eine eigene Entscheidung dafür oder dagegen treffen. Dann kann ein religiöses Leben eine Erfüllung sein, zusätzlich zu und unabhängig von jeder Therapie.

7.2 Astrologie, Wiedergeburtslehre und andere Lehren und Techniken (Esoterik, New Age, Spiritualismus, Magie u.a.)

Es gibt zahlreiche Richtungen und Begriffe in diesem Bereich, so dass zur Orientierung auf Literatur verwiesen werden muss (siehe Anhang). Trotz aller Unvollständigkeit sind aber ein paar Bemerkungen und Hinweise über Einstellungen und Verhalten zu diesem Bereich notwendig.

Die Bereitschaft, sich für rational nicht fassbare Dinge zu interessieren, ist mindestens genauso alt wie der Glaube an Verstand und Vernunft. Pendeln und Kartenlegen (z. B. Tarot Karten) werden immer wieder einmal in Mode kommen. Wer sich dafür interessiert, mag dies tun, wenn er sich zugleich eine deutliche Distanz und Unabhängigkeit bewahren kann. Im Zweifelsfalle sollten Verstand und Vernunft die Oberhand behalten. Versuchen Sie sich zu informieren durch Bücher oder noch besser durch Gespräche mit Leuten, die ganz verschiedene Standpunkte zu der jeweiligen Frage einnehmen. Möglichkeiten dazu bieten unter anderen die Sektenbeauftragten der evangelischen und katholischen Kirche.

Astrologie als Horoskopdeutung und auch die Wiedergeburtslehre sind weit verbreitet und haben eine sehr lange Geschichte. Das sollte man sich vor Augen halten, bevor man solche Erfahrungsbereiche als puren Aberglauben abtut. Respekt bedeutet aber nicht, voller Vertrauen und Offenheit auf solche Angebote einzugehen. Im Gegenteil, es gilt, sich gründlich zu informieren, wenn Sie sich von diesem Bereich angesprochen fühlen. Vor allem sollten Sie sich über die eigenen Wünsche und Bedürfnisse im Klaren zu sein. Wenn mich etwas besonders anzieht, kann ich davon ausgehen, dass in mir auch ein besonderer Wunsch danach vorhanden ist. Wie sieht dieser aus? – Was möchte der haben oder erreichen?

Das Angebot an Büchern, Kassetten und Videos über esoterische Praktiken und Lebensweisheiten ist sehr umfangreich geworden. Hinzu kommt das Internet mit einem Riesenangebot. Vieles wird versprochen, aber wenig gehalten, auch wenn ein Körnchen Wahrheit manchmal dabei ist.

Oft reicht es schon, die zahlreichen Lehren und Praktiken und, soweit vorhanden, das eigene abergläubische Verhalten nicht so ernst zu nehmen. Wenn eine schwarze Katze an einem Freitag, den 13. von links nach rechts die Straße überquert, bedeutet das weder etwas Negatives, noch etwas Positives. Es wird nur Ihre Erfahrung des Unheimlichen und Unbestimmten angesprochen. Das Anziehende des Ungewissen weist auf Lust und Neugierde am Geheimnisvollen, aber auch auf ein Orientierungs- und Sicherheitsbedürfnis hin. Horoskope geben angeblich Hinweise, wie für Sie die nächste Woche verlaufen wird. Das kann Ihre Unsicherheit vor der ungewissen Zukunft verringern, aber unter Umständen auch Ängste hervorrufen. Was immer Sie in diesem Bereich tun, ein kritischer Abstand ist notwendig und nützlich.

8. Anhang

- Die zwölf Schritte der Anonymen Alkoholiker
- Hinweise für einen persönlichen Lebenslauf
- Fragebogen zur Überprüfung des Rauchverhaltens
- Hinweise zur Überprüfung des Essverhaltens
- Hinweise zur Traumdeutung
- Progressive Muskelentspannung
- Adressenverzeichnis aus dem Suchtbereich
- Literaturverzeichnis

8.1 Die zwölf Schritte der Anonymen Alkoholiker[1]

1. Wir gaben zu, dass wir dem Alkohol gegenüber machtlos sind und unser Leben nicht mehr meistern konnten.
2. Wir kamen zu dem Glauben, dass eine Macht, größer als wir selbst, uns unsere geistige Gesundheit wiedergeben kann.
3. Wir fassten den Entschluss, unseren Willen und unser Leben der Sorge Gottes – wie wir ihn verstanden – anzuvertrauen.
4. Wir machten eine gründliche und furchtlose Inventur in unserem Inneren.
5. Wir gaben Gott, uns selbst und einem anderen Menschen gegenüber unverhüllt unsere Fehler zu.
6. Wir waren völlig bereit, all diese Charakterfehler von Gott beseitigen zu lassen.
7. Demütig baten wir Ihn, unsere Mängel von uns zu nehmen.
8. Wir machten eine Liste aller Personen, denen wir Schaden zugefügt hatten, und wurden willig, sie um Verzeihung zu bitten.
9. Wir machten bei diesen Menschen alles wieder gut – wo immer es möglich war – es sei denn, wir hätten dadurch sie oder andere verletzt.
10. Wir setzten die Inventur bei uns fort und – wenn wir unrecht hatten – gaben wir es sofort zu.
11. Wir suchten durch Gebete und Besinnung die bewusste Verbindung zu Gott – wie wir ihn verstanden – zu vertiefen. Wir baten Ihn, Seinen Willen für uns erkennen zu lassen und um die Kraft, ihn auszuführen.
12. Nachdem wir durch diese Schritte ein geistiges Erwachen erlebt hatten, versuchten wir, diese Botschaft an Alkoholiker weiterzugeben und unser tägliches Leben nach diesen Grundsätzen auszurichten.

[1] Erstmals erwähnt 1939 in dem Buch „Alcoholics Anonymous" („Anonyme Alkoholiker"), wodurch auch der Name der Gemeinschaft entstand.

8.2 Hinweise für einen persönlichen Lebenslauf[2]

Allgemeine Hinweise:

1. Schreiben Sie keinen „üblichen“ Lebenslauf, sondern einen „Erlebnisbericht“ über Ihr Leben, also über das, was Sie im guten und schlechten Sinne „mitgemacht“ haben.
2. Sie müssen sich nicht unbedingt an die zeitliche Reihenfolge Ihrer Erinnerungen oder Ihrer Erlebnisse halten (vermerken Sie jeweils Jahreszahl oder Datum).
3. Schreiben Sie alles, wovon Sie glauben, dass es für Sie typisch ist, auch das, was Sie aus Erzählungen anderer über sich wissen.
4. Schreiben Sie alles, wovon Sie glauben, dass es für Ihre Entwicklung wesentlich oder richtungweisend war.
5. Erwähnen Sie darüber hinaus alles, was Ihnen beim Schreiben einfällt, auch dann, wenn Sie es für unwichtig halten.

Hinweise dazu im Einzelnen:

- Die Familienatmosphäre, aus der Sie stammen.
- Die Persönlichkeit des Vaters, der Mutter, der Großeltern, sowie deren besondere Krankheiten oder Gewohnheiten.
- Besonderheiten in der weiteren Familie (Krankheiten, Gewohnheiten, Eigenarten).
- Ihr Verhältnis zu Vater und Mutter (Worin schlagen Sie dem einen und worin dem anderen Elternteil nach?).
- Das wievielte Kind sind Sie? (Zeitlicher Abstand zwischen den Geschwistern, späterer Beruf.)
- Das Verhältnis aller Geschwister untereinander und zu den Eltern.
- Wissen über die eigene Geburt, Stillen, Sauberkeitserziehung, Beginn mit Laufen und Sprechen (soweit Sie davon erfahren haben).
- Ihre früheste Lebenserinnerung, auch Träume als Kind.
- Der Verlauf Ihrer Kindheit (Welche Spiele und Beschäftigungen haben Sie besonders gern gemocht?).

[2] überarbeitet nach einem Informationsblatt der Münchner Arbeitsgemeinschaft für Psychoanalyse (MAP)

- Welche Erwachsenen hatten Einfluss auf Ihre Entwicklung?
- Der Verlauf Ihrer Schulzeit (Verhältnis zu Lehrern und Mitschülern, eigene Neigungen, Begabungen, Leistungen).
- Ihre „Entwicklungsjahre“ (Wurden Sie aufgeklärt? Von wem und wie?).
- Krankheiten, Unfälle, Kur-, Sanatoriums- oder Krankenhausaufenthalte (bitte mit Jahresangaben); auch die Kinderkrankheiten.
- Derzeitige körperliche Beschwerden: Nervosität, Schlaf, Appetit, Verdauung, Herzbeschwerden, Kreislaufbeschwerden, Kopfschmerzen, Nervenschmerzen, Schwindel, Unruhe, Angstzustände, Wetterempfindlichkeit, Erröten, Stottern, Zittern, Zuckungen, Schwitzen, Asthma, Nesselsucht, Migräne, Ohnmächten, Hautausschläge, Ermüdbarkeit.

Wenn möglich, versuchen Sie herauszufinden, in welchen Situationen die Symptome auftreten, in welchen Situationen nicht, wie Sie innerlich darauf reagieren und welche Folgen sich ergeben.

- Ihre Einstellung zu Essen und Trinken, zu Medikamenten, Alkohol und Drogen, Sport und Spiel, Geld und Besitz, Mode und Schmuck.
- Ihre Stellung in der Gemeinschaft, in Parteien und Vereinen (aktives Mitglied, Anführer, Initiator, Funktionär, passives Mitglied, Mitläufer usw., Freundschaften, Feindschaften).
- Ihre Einstellung zum Beruf (Berufswahl, Berufsausbildung, Berufswechsel, Berufspläne).
- Ihre Erfahrung und Einstellung zu Liebe, Ehe und Familie (Partnerwahl, Erotik, Eheleben, Kindererziehung).
- Ihr Tagesablauf.
- Die Gestaltung Ihrer Freizeit.

Lassen Sie sich durch die Vielzahl von Hinweisen weder abschrecken, noch festlegen und einengen. Schildern Sie den Verlauf Ihres Lebens!

Lesen Sie nach einigen Tagen nochmals Ihren persönlichen Lebenslauf und Sie werden dann merken, mit welchen Teilen Sie übereinstimmen, mit welchen nicht. Vielleicht ergeben sich daraus Folgerungen für die Zukunft.

8.3 Fragebogen zum Rauchverhalten

Bitte kreuzen Sie jeweils die Antwort an, die auf Sie zutrifft!

1. Wie bald, nachdem Sie aufwachen, rauchen Sie Ihre erste Zigarette?

Innerhalb von 5 Minuten	☐	3
Nach 6 bis 30 Minuten	☐	2
Nach 31 bis 60 Minuten	☐	1
Nach 60 Minuten	☐	0

2. Finden Sie es schwierig, an Orten, an denen das Rauchen verboten ist, nicht zu rauchen (z. B. in der Kirche, Bibliothek, im Kino etc.)?

Ja	☐	1
Nein	☐	2

3. Welche Zigarette möchten Sie am allerwenigsten aufgeben?

Die erste am Morgen	☐	1
Alle anderen	☐	0

4. Wie viele Zigaretten pro Tag rauchen Sie?

10 oder weniger	☐	0
11 bis 20	☐	1
21 bis 30	☐	2
31 oder mehr	☐	3

5. Rauchen Sie oft mehr in den ersten Stunden nach dem Aufwachen als am Rest des Tages?

Ja	☐	1
Nein	☐	0

6. Rauchen Sie, wenn Sie so krank sind, dass Sie die meiste Zeit des Tages im Bett verbringen?

Ja	□	1
Nein	□	0

Zählen Sie die Punkte der sechs Fragen zusammen, Jeder Punkt steht für eine Stärke der Abhängigkeit.

In der folgenden Tabelle können Sie ablesen, was Ihr Punktwert bedeutet:

Gesamtpunktzahl	**Einordnung**
Gesamtwert von 0 bis 2	Geringe körperliche Abhängigkeit
Gesamtwert von 3 bis 4	Mittlere körperliche Abhängigkeit
Gesamtwert von 5 bis 6	Starke körperliche Abhängigkeit
Gesamtwert von 7 bis 10	Sehr starke körperliche Abhängigkeit

Quelle: Fagerström-Test aus: Empfehlungen zur Therapie der Tabakabhängigkeit. Arzneimittelkommission der deutschen Ärzteschaft (2001).

8.4 Hinweise zur Überprüfung des Essverhaltens

Probleme mit dem Essverhalten[1]

1. Plane ich mein Essen im Voraus?
2. Lege ich die Essensmenge vorher fest?
3. Gehen meine Gedanken häufig zum Essen?
4. Hebe ich mir Essen für den Abend auf?
5. Hungere ich tagsüber, um abends mehr essen zu können?
6. Zähle ich die Kalorien vor dem Essen?
7. Esse ich übermäßig und hungere dann?
8. Erbreche ich das Essen und esse dann weiter?
9. Wiege ich mich täglich und fällt oder steigt meine Laune mit dem Gewicht?
10. Verunsichert es mich, wenn andere über mein Gewicht oder über meine Art zu essen sprechen?
11. Esse ich nur ganz bestimmte Lebensmittel?
12. Horte ich Lebensmittel? Fühle ich mich nur dann gut und sicher, wenn ein Vorrat da ist?
13. Esse ich am Abend besonders viel oder muss ich auch in der Nacht essen, insbesondere Süßes oder spezielle Speisen?
14. Esse ich häufig, obwohl ich keinen körperlichen Hunger verspüre?
15. Denke ich oft über mein Essverhalten und mein Gewicht und die Reaktionen anderer darauf nach?

[1] *aus: Thommer Journal. Themen aus Suchttherapie und Klinikleben Nr. 42/1991

Warnsignale für Ess-Brechsucht[4] (Bulimia nervosa)

1. Das Körpergewicht liegt gewöhnlich im Durchschnittsbereich.
2. Angst vor einer Gewichtszunahme
3. Oft unkontrollierbare, geheime Episoden von Fressanfällen, denen Versuche folgen, sich der Nahrung durch selbst herbeigeführtes Erbrechen, Diät oder Gebrauch von Abführmitteln, harntreibenden Mitteln oder Appetitzüglern wieder zu entledigen.
4. Depressionen und immer wiederkehrende Stimmungsschwankungen.
5. Verstärkte körperliche Aktivität zur Gewichtskontrolle.
6. Unfähigkeit, den Ess-Brech-Kreislauf zu durchbrechen.
7. Schmerzen in Hals, Speiseröhre, Magen oder Darm.
8. Ödeme der Haut (Wasseransammlungen) und Schwellungen der Speicheldrüsen.
9. Zahnschmerzen und Zahnzerstörungen.
10. Gefühlsmäßige Labilität und Impulsivität.
11. Unzufriedenheit mit den Körperformen und ständige Beschäftigung mit dem Wunsch, dünner zu werden.
12. Häufige Gewichtsschwankungen.

[4] aus: Essstörungen. Eine Informationsbroschüre herausgegeben vom Aktionskreis Ess- und Magersucht „Cinderella“ e. V. anlässlich der Internationalen Essstörungswoche 10/90

Warnsignale für Magersucht[5] (Anorexia nervosa)

1. Auffälliger Gewichtsverlust von 15 % oder mehr ohne bekannte körperliche Ursache, die für den Gewichtsverlust verantwortlich sein könnte.
2. Einschränkung der Nahrungsaufnahme, vor allem von Kohlehydraten und Fetten.
3. Verleugnung von Hunger und/oder Verleugnung, derartige Probleme zu haben.
4. Starke Angst vor einer Gewichtszunahme und/oder eine „verbissene“ Entschlossenheit, immer dünner zu werden.
5. Ausbleiben der Regelblutung (Amenorrhoe) bei Frauen, niedriger Sexualhormonspiegel (Testosteron) bei Männern.
6. Fortgesetztes körperliches Training trotz Ermüdung und Schwäche.
7. Eigenartige Gewohnheiten im Umgang mit Nahrung.
8. Verzerrte Wahrnehmung von Gewicht, Körperumfang und/oder Körperformen (schätzt sich schwerer, dicker u. a.).
9. Unfähigkeit, den Gewichtsverlust und das Ausmaß an körperlicher Tätigkeit zu kontrollieren.
10. Sozialer Rückzug.
11. Ungewöhnliche Kälteempfindlichkeit.
12. Perfektionismus, der von einem tiefen Gefühl der eigenen Wertlosigkeit begleitet ist.
13. Gewichtsverlust durch Erbrechen, harntreibende Mittel (Diuretika) und/oder Abführmittel (Laxantien).
14. Flaumbehaarung (feines Haar – „Babyflaum“ – an Körperstellen).
15. Symptome des Hungerzustandes.

[5] aus: Essstörungen. Eine Informationsbroschüre herausgegeben vom Aktionskreis Ess- und Magersucht „Cinderella“ e. V. anlässlich der Internationalen Essstörungswoche 10/90

8.5 Hinweise zur Traumdeutung

1. Träume können auf übersehene oder zu kurz gekommene Lebensbereiche aufmerksam machen. Aus Ihren Träumen können Sie deshalb Hinweise erhalten auf ungenutzte oder falsch eingeschätzte Fähigkeiten und Bedürfnisse oder auf Probleme und Konflikte mit sich selbst oder anderen Personen.
2. Um Träume im Gedächtnis zu behalten, ist es wichtig, sie sich fest einzuprägen oder, noch besser, sofort aufzuschreiben. Notieren Sie den Traum so vollständig wie möglich. Versuchen Sie nicht, einen Traum als zu banal abzutun und ihn deswegen nicht aufzuzeichnen.
3. Allgemein lässt sich sagen, dass man einen Traum zunächst möglichst konkret verstehen sollte. Erst dann, wenn dies für Sie keinen Sinn ergibt, kann man nach komplexeren Deutungen Ausschau halten.
4. Als erstes lässt sich fragen, ob der Traum etwas mit Ereignissen aus den vergangenen Tagen zu tun hat.
5. Wenn Personen im Traum vorkommen, die konkrete Personen Ihres Lebens darstellen, sollte man davon ausgehen, dass diese auch meist konkret gemeint sind.
6. Träume übertreiben oft. Haben Sie keine Angst vor den darin zum Ausdruck kommenden Gefühlen, sondern versuchen Sie den Traum als Hinweis auf Dinge, Gefühle, Sachverhalte zu verstehen, die Sie tagsüber übergangen oder verdrängt haben.
7. Ein Traum kann folgendes beinhalten:
   a) konkrete Informationen über Dinge oder Personen , die Sie bislang übersehen, aber doch irgendwie registriert haben;
   b) das, was der Träumende von den Dingen oder Personen hält und wie er zu ihnen steht;
   c) Teilbereiche und Konflikte der eigenen Persönlichkeit (z.B. Wünsche nach Geborgenheit und Nähe in Konflikt mit Wünschen nach Unabhängigkeit).
8. Träume enthalten häufig positive Hinweise auf reale Hoffnungen und reale Möglichkeiten.
9. Träume bedienen sich hauptsächlich einer Bildersprache. Manche Traumbilder sind deshalb nicht konkret zu deuten, sondern haben eine symbolische Bedeutung.

Denken Sie aber daran, dass Symbole und Bilder immer auch eine individuelle Bedeutung haben, die unter Umständen nur für den Träumer selbst zutrifft. Die allgemeine Bedeutung von Symbolen ist lediglich als Hinweis und als Möglichkeit einer Deutung aufzufassen.

10. Die Gefühlstönung im Traum ergibt oft einen Hinweis, welche Lebenssituation in dem Traum zum Ausdruck gebracht wird.
11. Wenn eine Traumfigur oder eine Traumvorstellung „wörtlich" genommen als realer Mensch oder reales Ereignis oder Ding keinen Sinn ergibt, dann wird auf diese Weise
    a) jemand oder etwas in Ihrem äußeren Leben symbolisiert oder
    b) ein Teilbereich Ihrer eigenen Persönlichkeit dargestellt.
12. Auch wenn Träume Ereignisse oder Dinge oder Personen aus der Kindheit darstellen, ist der aktuelle Bezug zu Ihrer jetzigen Lebenssituation entscheidend. Personen aus der Vergangenheit erscheinen,
    a) weil sie als Teile der Vergangenheit in uns weiterleben;
    b) weil eine gegenwärtige Situation uns an frühere ähnliche Ereignisse erinnert.
13. Strukturierungsvorschlag für eine Traumdeutung:
    a) Emotionale Reaktion auf den Traum beachten!
    b) Sich an Tagesereignisse und Assoziationen erinnern!
    c) Traumfiguren und Symbole festhalten!
    d) Traumthema herausarbeiten!
    e) Traumbotschaft als die eigentliche abschließende Deutung bestimmen!
    f) Eventuell Folgerungen und Maßnahmen ableiten!

weiterführende Literatur: Faraday (1990); siehe Literaturverzeichnis – Seite 196

8.6 Progressive Muskelrelaxation nach Jacobson

Ziel

Die bewusste Anspannung und Entspannung einzelner Muskelgruppen soll zunächst zu einer verbesserten Wahrnehmung von Zuständen muskulärer Anspannung und Entspannung führen. Die Betonung liegt jeweils auf der Entspannung.

Das Ziel besteht darin, einen gesamtkörperlichen Entspannungszustand zu erreichen oder Verspannungen in einzelnen Muskelgruppen abzubauen. Später ist es auch möglich, durch eine kurzfristige Anspannung und Entspannung des gesamten Körpers, durch ein gleichzeitiges bewusstes Ausatmen und die gedankliche Einstellung auf Ruhe einen solchen Entspannungszustand herbeizuführen (Kurzentspannung).

Übungsablauf

Am besten können Sie in einer bequemen Sitzhaltung üben. Die Arme liegen dabei locker auf den Oberschenkeln oder den Stuhllehnen. Die Anspannung einer Muskelgruppe sollte nur so lange dauern, bis Sie die Spannung deutlich spüren. Bei der anschließenden Lockerung nehmen Sie wahr, wie die Spannung aus den Muskeln weicht und wie angenehm Sie dies empfinden. Dann spannen Sie erneut die gleiche Muskelgruppe an, bis Sie wiederum die Spannung klar spüren. Anschließend lassen Sie wieder ganz locker und spüren die Entspannung. Sie können dabei innerlich zu sich selbst auch sagen: „ganz locker lassen", „tief entspannen" oder „die Entspannung ist ganz angenehm". Es kommt nicht darauf an, genau diese Worte zu verwenden; entscheidend ist, dass Sie mit Ihren eigenen Worten innerlich übereinstimmen. Dann erfolgt der Übergang zur nächsten Muskelgruppe. Gehen Sie dabei ohne Eile alle Einzelübungen durch. Am Ende der Einzelübungen sollten Sie einige Zeit (ca. 60 Sekunden) in dem Entspannungszustand verweilen. Wenn störende Gedanken auftauchen sollten, registrieren Sie diese kurz und konzentrieren Sie sich wieder auf den angenehmen Zustand der Entspannung.

Augen können offen oder geschlossen gehalten werden.

Am Ende der Entspannungsübung ist es nützlich, durch Strecken der Arme und Beine wieder in den Normalzustand der Aktivierung zurückzukehren.

Die einzelnen Muskelgruppen sollten in möglichst gleich bleibender Reihenfolge durchgegangen werden:

1. Hand, Arme
   - rechte Hand zur Faust ballen
   - linke Hand zur Faust ballen
   - beide Hände zur Faust ballen
   - beide Arme beugen und anspannen
2. Gesicht
   - Augenbrauen nach oben ziehen
   - Augenbrauen zusammen ziehen
   - Augen fest schließen
   - Zähne zusammenbeißen
   - Zunge gegen die Rückseite der Schneidezähne pressen
   - Lippen zusammenpressen
3. Kopf, Schulter, Nacken
   - Kopf in den Nacken beugen
   - Kinn zur Brust nehmen
   - Schultern hochziehen
   - Kopf nach rechts/links drehen
4. Atmung, Bauch, Rücken
   - tief einatmen, Luft kurz anhalten
   - Bauchdecke anspannen
   - Bauch nach innen ziehen
   - Hohlkreuz machen
5. Beine
   - Füße flach gegen den Boden stemmen
   - beide Beine anheben
   - Zehen nach hinten, von oben gegen den Boden drücken
   - Ferse am Boden, Füße und Zehen in Richtung Schienbein anwinkeln

Überarbeitete Fassung eines Informationsblattes von Dipl.-Psych. Ingolf von Törne

8.7 Adressenverzeichnis aus dem Suchtbereich

Al-Anon Familiengruppen, Al-Anon/Alateen, Zentrales Dienstbüro:
Emilienstr. 4
D-45128 Essen
Telefon: 0201-773007, Telefax: 0201-773008
E-Mail zdb@al-anon.de
http://www.al-anon.de/

Alateen
Selbsthilfegruppe für jugendliche Angehörige von Alkoholikern
Emilienstr. 4
D-45128 Essen
Telefon: 0201-773007, Telefax: 0201-773008
E-Mail zdb@al-anon.de
http://www.al-anon.de/

ANAD e. V.
Poccistr. 5
80336 München
Tel.: 089/219973-0
Fax: 089/219973-23
E-Mail: kontakt@anad.de

Anonyme Alkoholiker Interessengemeinschaft e. V.
Gemeinsames Dienstbüro
Waldweg 6
D-84177 Gottfrieding-Unterweilnbach
Telefon: 0049-(0)8731-32573-0, Fax: 0049-(0)8731-3 2573-20

Postanschrift:
Gemeinsames Dienstbüro
Anonyme Alkoholiker Interessengemeinschaft e. V.
Postfach 11 51
D-84122 Dingolfing

Kontaktstellen unter:
www.anonyme-alkoholiker.de/content/09kont/09index.php?area=de

AWO Arbeiterwohlfahrt Bundesverband e. V.
Heinrich-Albertz-Haus
Blücherstraße 62/63
D-10961 Berlin
Telefon: +49(0)30-26309-0
Telefax : +49(0)30-26309-32599

E-Mail: info@awo.org
Internet: www.awo.org

Bahn-Zentralstelle gegen die Alkoholgefahren (BZAL)
Kooperationspartner der Stiftung Bahn-Sozialwerk (BSW)
Zentrale / Öffentlichkeitsarbeit
Münchner Str. 49
60329 Frankfurt/Main
Tel. +496926541444
Fax +496926541447

Blaues Kreuz in Deutschland e. V.
Freiligrathstraße 27
42289 Wuppertal
Telefon: 0202/62003-0, Fax: 0202/62003-81
www.blaues-kreuz.de/
Beratungsstellen unter:
http://www.blaues-kreuz.de/bkd/kontakt/ad_berat.htm

Blaues Kreuz in der Evangelischen Kirche
Bundesverband e. V.
Julius-Vogel-Straße 44
44149 Dortmund
Tel. 0231/5864132
Fax 0231/5864133
E-Mail: bke@blaues-kreuz.org
Internet www.blaues-kreuz.org

Bund für drogenfreie Erziehung e. V. (BdE),
c/o Neuland,
Markt 24–26,
D-21502 Geesthacht
Briefanschrift:
Bund für drogenfreie Erziehung e. V. (BdE),
Postfach 1422,
21496 Geesthacht.
Tel.: +49415281342
Fax: +49415281343
E-Mail: info@drogenfreie-erziehung.de

Bund gegen Alkohol und Drogen im Straßenverkehr e. V. (B.A.D.S.)
Bundesgeschäftsstelle:
Arnold-Heise-Straße 26
20249 Hamburg
Tel.: 040/440716 Fax: 040/4107616
E-Mail: zentrale@bads.de
Internet www.bads.de

Bundesarbeitsgemeinschaft der Gesellschaft gegen Alkohol- und Drogengefahren (GAD)
c/o GAD Franken/Thüringen
Am Großen Gleichberg 2
98631 Römhild
Tel. 00493694887-2038
Fax 00493694887-2057
E-Mail gad.franken-thueringen@web.de
Internet www.gad-franken-thueringen.de

Bundesverband der Eltern und Angehörigen für akzeptierende Drogenarbeit e. V.
c/o Jürgen Heimchen
Ravensberger Str. 44
42117 Wuppertal
Telefon: +49202423519
Telefax: +49202428577
E-Mail: info@akzeptierende-eltern.de
Internet: www.akzeptierende-eltern.de

Bundesverband der Elternkreise suchtgefährdeter und suchtkranker Söhne und Töchter e. V. – BVEK
Geschäftsstelle:
Andreas Kohl
BVEK e. V.
Dortmunder Str. 22-24
48155 Münster
Telefon: 0251/14207-33, Fax: 0251/14207-55
http://www.bvek.org/index.html
Adressen der Geschäftsstellen unter:
http://www.bvek.org/14973.html

Bundesverband der Elternkreise drogengefährdeter u.drogenabhängiger Jugendlicher(BVEK) e. V.
Bundesverband der Elternkreise drogengefährdeter u. drogenabhängiger Jugendlicher (BVEK) e. V.
Ansbacher Straße 11
10787 Berlin
Tel. 030-5567020
Fax. 030-5567021
E-Mail: bvek@snafu.de
Internet: http://home.snafu.de/bvek/

Bundesverband für stationäre Suchtkrankenhilfe e. V.
Wilhelmshöher Allee 273
34131 Kassel
Telefon: 0561/779351
Telefax: 0561/102883
buss@suchthilfe.de
www.suchthilfe.de

Bundeszentrale für gesundheitliche Aufklärung (BZgA)
Ostmerheimer Str. 220
51109 Köln
Tel.: 0221 8992-0, Fax: 0221–8992-300
E-Mail: poststelle@bzga.de
Verzeichnis der Suchtberatungsstellen unter:
http://www.bzga.de/?uid=94ed5ad15e1a4972e2d47b937e71d390&id=Seite48

Deutscher Caritasverband e. V.
Caritas Suchthilfe (CaSu) – Bundesverband der Suchthilfeeinrichtungen im DCV
Karlstraße 40
79104 Freiburg
Deutschland
Tel.: +49(0)761/200-363
www.caritas-suchthilfe.de
casu@caritas.de

Deutscher Frauenbund für alkoholfreie Kultur e. V.
1. Vorsitzende
Ursula Krämer
Bahnhofstr. 41
58095 Hagen

Tel. 02331/7878585, Fax: 02331/341403
E-Mail: kraemer@deutscher-frauenbund.de
http://www.deutscher-frauenbund.de/html/start.html

Deutsche Gesellschaft für Suchtmedizin (vormals DGDS) e. V.
Geschäftsstelle
Frau Simone Mollenhauer
c/o Zentrum für Interdisziplinäre Suchtforschung
(ZIS) der Universität Hamburg
Martinistrasse 52
20246 Hamburg
Telefon und Fax: +494042803 5121
E-Mail: info@dgsuchtmedizin.de

Deutsche Gesellschaft für Suchtpsychologie e. V.
Bundesgeschäftsstelle
Wörthstraße 10
50668 Köln
Telefon: 0221/7757-156
Telefax: 0221/7757-180
E-Mail: Suchtpsychologie@gmx.de
Internet: www.Suchtpsychologie.de

Deutsche Hauptstelle für Suchtfragen – DHS
Westenwall 4
59065 Hamm
Telefon 02381/9015 0, Fax 02381/901530
www.dhs.de/
Suchtberatungsstellen & Fachkliniken unter:
http://www.dhs.de/web/einrichtungssuche/suche.php

Förderverein zur Aufklärung und Beratung von Alkoholkranken und Angehörigen FABA e. V.
c/o Rolf Bollmann
Untere Stadt 11
84137 Vilsbiburg
Telefon: 08741/9670857
Telefax: 08741/9279338
E-Mail: bollmann@faba.de
Internet www.faba.de

Fachverband Drogen und Rauschmittel e. V. (fdr)
Odeonstr. 14
30159 Hannover
Tel. 0511/18333
Fax 0511/18326
E-Mail mail@fdr-online.info"

Fachverband Glücksspielsucht (fags) e. V.
Arndtstraße 10
32052 Herford
Telefon: +49(0)52211022670
Telefax: +49(0)052211022680
E-Mail: spielsucht@t-online.de
Internet: www.glücksspielsucht.de

Fachverband Sucht e. V.
Walramstraße 3
53175 Bonn
Telefon: 0228/261555
Telefax: 0228/215885
E-Mail Sucht@Sucht.de
Internet www.sucht.de

Freundeskreise für Suchtkrankenhilfe – Bundesverband e. V.
Selbsthilfeorganisation
Untere Königsstraße 86,
34117 Kassel
Telefon (0561)780413, Fax (0561)711282
E-Mail: mail@freundeskreise-sucht.de
Internet: www.freundeskreise-sucht.de
Beratungsstellen unter:
http://www.freundeskreise-sucht.de/homepage/hilfe/shilfe.html

Gesamtverband für Suchtkrankenhilfe – GVS
im Diakonischen Werk der Evangelischen Kirche e. V.
Altensteinstr. 51
14195 Berlin
Tel. 004930843 12355
Fax 004930844 18336
E-Mail gvs@sucht.org
Mitglieder des Gesamtverband für Suchtkrankenhilfe im Diakonischen Werk der

Evangelischen Kirche in Deutschland e. V. unter:
http://www.sucht.org/6.html

Guttempler in Deutschland
Adenauerallee 45
20097 Hamburg
Tel. +4940245880
Fax +4940241430
E-Mailinfo@guttempler.de
www.guttempler.de

Kreuzbund e. V. – Bundesgeschäftsstelle
Münsterstr. 25
59065 Hamm
Telefon: 02381/67272-0
Telefax: 02381/67272-33
E-Mail: info@kreuzbund.de
http://www.kreuzbund.de

NACOA Deutschland – Interessenvertretung für Kinder aus Suchtfamilien e. V.
Gierkezeile 39
10585 Berlin
Tel.: 030/35122430
Fax: 030/35122431
E-Mail: info@nacoa.de
www.nacoa.de

NAKOS
Nationale Kontakt- und Informationsstelle zur Anregung und Unterstützung von Selbsthilfegruppen
Wilmersdorfer Straße 39
D-10627 Berlin
Telefon: +49(0)30-31018960
Fax: +49(0)30-31018970
E-Mail: selbsthilfe@nakos.de
www.nakos.de

Selbsthilfe junger Abhängiger
Bundesweite Koordinationsstelle der Caritas
Reinhardtstr. 13
10117 Berlin
Tel. +4930284447-38

Fax +4930284447-33
E-Mail m.kleinschmidt@caritas-berlin.de

Selbsthilfe Sucht in der Arbeiterwohlfahrt
Arbeiterwohlfahrt Bundesverband e. V.
Oppelner Straße 130
53023 Bonn
Hedi Boss
Tel.: 030/26309-157
Fax: 030/26309-32157
E-Mail: hedi.boss@awo.org

STIFTUNG SYNANON
Bernburger Straße 10,
10963 Berlin
Postfach 610450, 10927 Berlin
Telefon: 030/550000
Telefax: 030/55000220
E-Mail: info@synanon.de
Internet: www.synanon.de

Stiftung Hilfe zur Selbsthilfe Suchtkranker und Suchtgefährdeter
Postfach 102903
69019 Heidelberg
Tel.: 06221/767655
E-Mail balke@stiftung-hilfe-zur-selbsthilfe.de
Internet: www.stiftung-hilfe-zur-selbsthilfe.de

Österreich/Schweiz

Ludwig Boltzmann Institiut für Suchtforschung am Anton-Proksch-Institut (API)
Mackgasse 7–11
A-1230 Wien
Telefon: +43(01)88010 DW 970 od. 950
E-Mail: lbi@api.or.at
Webseite: http://www.api.or.at/lbi/

ÖBIG (Österreichisches Bundesinstitut für Gesundheitswesen)
ein Geschäftsbereich der Gesundheit Österreich GmbH
Stubenring 6

1010 Wien Österreich
Telefon 43151561-0 Serie
Telefax 4315138472
www.owbig.at

Schweizerische Fachstelle für Alkohol- und andere Drogenprobleme (SFA)
Büro: Avenue Louis-Ruchonnet 14, Lausanne (Schweiz)
Briefpost: SFA, Postfach 870, 1001 Lausanne
Fax: 0213212940

Für Rat und Hilfe:
Tel. 0213212976
oder auf Internet

Prävention, Projekte
Tel. 0213212976
E-Mail: prevention@sfa-ispa.ch

Medien – Dokumentation
Tel. 0213212985
E-Mail: media@sfa-ispa.ch

8.8 Literaturverzeichnis

1. Aphorismen

EPIKTET, 1978. Handbüchlein der Moral und Unterredungen. 11. Auflage. Herausgegeben von H. Schmidt. Stuttgart: Kröner.

EPIKUR, 1973. Philosophie der Freude. 5. Auflage. Ausgewählt, übersetzt und erläutert von J. Mehwaldt. Stuttgart: Kröner.

GOETHE, J. W. 1951. Goethes Spruchweisheit. Sprüche in Prosa. Insel-Bücherei, Band 482. Frankfurt: Insel Verlag.

GRACIAN, B. 1991. Hand-Orakel und Kunst der Weltklugheit. Deutsch von Arthur Schopenhauer. Zürich: Haffmans Verlag.

LA ROCHEFOUCAULD, 1979. Einhundertfünfzig Maximen. 4. Auflage. Herausgegeben von J. Schmidt. Heidelberg: Lambert Schneider.

PASCAL, B., 1997. Gedanken über die Religion und einige andere Themen. Ditzingen: Reclam.

2. Sucht

ASSFALG, R., 1999. Die heimliche Unterstützung der Sucht: Co-Abhängigkeit. 3.Auflage, Neuland Verlag, Geesthacht.

FEUERLEIN, W. & DITTMAR, F. 1989. Wenn Alkohol zum Problem wird. 3.Auflage. Stuttgart: TRIAS – Thieme/Hippokrates/Enke.

FISCHER, G., 2008. Neue Wege aus dem Trauma. Erste Hilfe bei schweren seelischen Belastungen. Patmos Verlag: Düsseldorf

GERCHOW, J. & HEBERLE, B. 1980. Alkohol-Alkoholismus-Lexikon. Hamburg: Neuland.

GROSS, W. 1990. Sucht ohne Drogen. Arbeiten, Spielen, Essen, Lieben ... Frankfurt/M.: S. Fischer. 208

GRÜSSER, S. M. & THALEMANN, C. N. 2006. Verhaltenssucht. Diagnostik, Therapie, Forschung. Bern: Huber.

JOHNSON, E. E. & HAMER, R.,NORA, R. M., TAN, B., EISENSTEIN, N. & ENGELHART, C. (1997). The Lie-Bet questionnaire for screening pathological gamblers. Psychological Reports, 80, 83–88

KÖRKEL, J. (Hrsg.) 1988. Der Rückfall des Suchtkranken: Flucht in die Sucht? Berlin, Heidelberg: Springer.

KÜFNER, H. – FEUERLEIN, W. & HUBER, M. 1988. Die stationäre Behandlung von Alkoholabhängigen: Ergebnisse der 4-Jahreskatamnesen, mögliche Konsequenzen für Indikationsstellung und Behandlung. Suchtgefahren 34: 157–271.

KÜFNER, H. 1990. Die Zeit danach – Alkoholabhängige in der Nachsorgephase. In: Schwoon, R. D. & Krausz, M. (Hrsg.) Suchtkranke – Die ungeliebten Kinder der Psychiatrie. Stuttgart: Erike.

LIBET, B. 2005. Mind Time. Wie das Gehirn Bewusstsein produziert. Suhrkamp Verlag: Frankfurt am Main. Originalversion 2004

LINDENMEYER, J. & ROST, S. (2008). Lieber schlau als blau – für Jugendliche. Ein Präventionsprogramm für die Schule. BeltzPVU, Weinheim.

SCHMIDT, L. 1988. Alkoholkrankheit und Alkoholmissbrauch. 2. Auflage. Stuttgart: Kohlhammer.

SCHMIDT, L. G.; GASTPAR, M.; FALKAI, P.; GAEBEL, W. (Hrsg.) 2006. Evidenzbasierte Suchtmedizin. Behandlungsleitlinien. Substanzbezogene Störungen. Köln: Deutsche Ärzte-Verlag.

SCHNEIDER, R. (1996). Die Suchtfibel. Informationen zur Abhängigkeit von Alkohol und Medikamenten für Betroffene, Angehörige und Interessierte. Baltmannsweiler: Röttger Schneider Verlag

SOYKA, M. & KÜFNER, H., 2008. Alkoholismus – Missbrauch und Abhängigkeit. Georg Thieme Verlag: Stuttgart, New York

TRETTER, F. – LEHMANN, A. – AURIN, O. – MERFERT-DIETE, C. & SCHNEIDER, K. (Hrsg.) 1989. Sucht und Literatur. Bücher und Texte für Prävention und Therapie. Mit Beispielen zur Bibliotherapie, einer umfangreichen Literaturliste und zahlreichen Buchbesprechungen. Freiburg i. Br.: Lambertus.

WANKE, K. & TÄSCHNER, K.-L., 2002. Rauschmittel: Drogen – Medikamente – Alkohol. 6. Auflage. Stuttgart: Enke.

ZOCKER, H. 1989. betrifft: Anonyme Alkoholiker. Selbsthilfe gegen die Sucht. München: Beck.

3. Religion und Esoterik

BIENEMANN, G. 1988. Pendel, Tisch und Totenstimmen. Spiritismus und christlicher Glaube. Ein Ratgeber. 3. Auflage. Freiburg i. Br.: Christophorus.

FRAAS, H.-J. 1990. Die Religiosität des Menschen. Ein Grundriss der Religionspsychologie. Göttingen: Vandenhoeck & Ruprecht.

FROMM, E. 1985. Psychoanalyse und Religion. München: Deutscher Taschenbuch Verlag.

MÜLLER-KÜPPERS, M. & SPECHT, F. (Hrsg.) 1979. Neue Jugendreligionen. Göttingen: Vandenhoeck & Ruprecht.

RATTNER, J. 1990. Tiefenpsychologie und Religion. Berlin: Ullstein.

RELLER, H. (Hrsg.). 1985. Handbuch Religiöse Gemeinschaften. 2. Auflage. Gütersloh: Gütersloher Verlagshaus Gerd Mohn.

URBAN, M. 2005. Warum der Mensch glaubt. Eichborn AG: Frankfurt am Main

4. Verschiedene Therapieformen und Literatur zur Selbsthilfe

BACH, G. R. 1979. Trennung aktiv bewältigen. Ein Selbsthilfeprogramm. Düsseldorf, Köln: Diederichs.

CARR, A. 1992. Endlich Nichtraucher. Der einfachste Weg, mit dem Rauchen Schluß zu machen. München: Goldmann.

COHN, R.C. 1973. Stil und Geist der themenzentrierten und interaktionellen Methode. In: D.J. Sager & H.S. Kaplan (Hrsg.): Handbuch der Ehe-, Familien- und Gruppentherapie. Band III. München: Kindler.

FARADAY, A. 1990. Deine Träume – Schlüssel zur Selbsterkenntnis. Ein psychologischer Ratgeber. 11. Auflage. Frankfurt: Fischer.

FISCHER, G. 2008. Neue Wege aus dem Trauma. Erste Hilfe bei schweren seelischen Belastungen. Patmos Verlag: Düsseldorf

FRANKL, V. 2007, 20. Auflage. Der Mensch vor der Frage nach dem Sinn. München: Piper.

KRAIKER, C. & BURKHARD, P. (Hrsg.) 1988. Psychotherapieführer. Wege zur seelischen Gesundheit. 2. Auflage. München: Beck.

LUKOSCHIK, A. & BAUER, E. (1989). Die richtige Körpertherapie. Ein Wegweiser durch westliche und östliche Methoden. München: Kösel.

MADER, P. & NESS, B. (Hrsg.) 1987. Bewältigung gestörten Essverhaltens. Hamburg: Neuland.

MOELLER, M.-L. 1978. Selbsthilfegruppen. Selbstbehandlung, Selbsterkenntnis in eigenverantwortlichen Kleingruppen. Reinbek: Rowohlt.

ROHR, W. VON 1991. Meditation. Die Kraft aus der Mitte – ein umfassender Übungsleitfaden. München: Goldmann.

SCHMIDBAUER, W. 1979. Die hilflosen Helfer. Über die seelische Problematik der helfenden Berufe. Reinbek: Rowohlt.

SCHWÄBISCH, L. & SIEMS, M. 1987. Selbstentfaltung durch Meditation. Eine praktische Anleitung. Reinbek: Rowohlt.

SCHWEIZERISCHE VEREINIGUNG GEGEN TUBERKULOSE UND LUNGENKRANKHEITEN (Hrsg.). Nichtraucher in 20 Tagen. Ein Selbsthilfeprogramm für alle, die das Rauchen aufgeben wollen. Rorschach: Löpfe-Benz.

Ganz neu: die alte „Suchtfibel“

Ralf Schneider

Die Suchtfibel

Wie Abhängigkeit entsteht und wie man sich daraus befreit.
Informationen für Betroffene, Angehörige und Interessierte
14. vollständ. überarb. und erw. Aufl., 2009.
XVI, 451 Seiten mit 4 farb. Tafeln. ISBN 9783834006004. € 18,—

Die Suchtfibel will mit gleichermaßen verständlichen wie fachlich korrekten Informationen Betroffenen, deren Angehörigen und allen Interessierten helfen,

- sich Grundwissen über Sucht und Abhängigkeit anzueignen,
- das Wesentliche über die am weitesten verbreiteten Suchtmittel zu erfahren,
- sich selbst besser zu verstehen,
- sich mit sich selbst auszusöhnen,
- Wege aus der Sucht und die notwendigen Schritte dafür zu kennen,
- den Befreiungskampf vorzubereiten und zu begleiten.

Die Suchtfibel hat 2009 nach über 25 Jahren eine Auflagenhöhe von mehr als 250.000 Exemplaren erreicht. Wenn sich etwas lange bewährt hat, dann ändert man es nicht so leicht. Schließlich ist schon so manches verschlimmbessert worden. Aber die Erscheinungsformen der Süchte, offiziell der „Störungen durch psychotrope Substanzen“ und „sonstiger Störungen der Impulskontrolle“, wandeln sich mit den gesellschaftlichen Entwicklungen und ebenso tun es die Behandlungsformen. Zumindest darauf musste eine erneute Auflage der Suchtfibel abgestimmt werden. Herausgekommen ist bei dieser Abstimmung am Ende praktisch ein neues Buch. Der Aufbau und die Zielsetzung sind zwar gleich geblieben, aber alle Texte wurden überarbeitet, aktualisiert und ergänzt. Die Ergänzungen betreffen

- eine ausführliche Darstellung und Berücksichtigung derjenigen psychotropen Substanzen, die neben Alkohol und Medikamenten eine zunehmende Rolle bei Missbrauch und Abhängigkeit spielen, vor allem bei den jüngeren Suchtkranken (Amphetamine, Kokain, Opioide, Ecstasy, GHB), aber auch Tabak und Koffein,
- neurobiologische und -psychologische Grundlagen der Sucht
- „Verhaltenssüchte“, insbesondere Glücksspiel,
- neuere Therapiebestandteile wie Expositionsverfahren und Achtsamkeit.

Aus seinen Vorträgen vor Patienten hat der Autor Ralf Schneider zahlreiche Anregungen erhalten, welche Beispiele, Erläuterungen und Abbildungen als hilfreich erlebt wurden. Einige davon konnten in die neue Suchtfibel aufgenommen werden. Der Preis aller dieser Neuerungen ist ein deutlich größerer Umfang des Buches. Für manchen Lesemuffel und zum Nachdenken noch nicht bereiten Patienten wird die Hürde zum Aufschlagen des Buches damit gewiss nicht geringer. Alle übrigen finden in der erweiterten Suchtfibel vieles von dem, was sie bisher darin vermisst hatten.

Schneider Verlag Hohengehren
Wilhelmstr. 13; D-73666 Baltmannsweiler

Sabine Haberkern

Mutmachbuch für ein Leben ohne Alkohol

Betroffene aus Nachsorgegruppen berichten.

2008. V, 105 Seiten. Kt. ISBN 9783834004086. € 10,—

In diesem Mutmachbuch für ein Leben ohne Alkohol berichten acht Betroffene aus ihrem Leben. Diese Lebensgeschichten gehen unter die Haut, denn sie zeigen in einer authentischen und Mut machenden Art und Weise, wie diese alkoholabhängigen Menschen ihren Weg zur Abstinenz gefunden haben.

In acht Erfahrungsberichten berichten die Betroffenen schonungslos über ihre Trinkzeiten, über den Wendepunkt in ihrem Leben, wie und warum sie eine Abstinenzentscheidung getroffen haben und wie es danach weiterging.

An manchen Stellen bekommt der Leser möglicherweise eine Gänsehaut, denn diese Lebensgeschichten sind mit „Herzblut" geschrieben und entsprechend intensiv.

Ein allgemeiner Informationsteil gibt kurz, knapp und leicht verständlich einen Überblick zur Entgiftungsphase, zu Alkoholentwöhnungsbehandlungen und zur Nachsorgebehandlung.

Das gesamte Buch ist kurzweilig, leicht zu lesen und ohne erhobenen Zeigefinger geschrieben. Auch der Humor kommt nicht zu kurz.

Das Mutmachbuch will Menschen, die Alkoholprobleme haben und deren Angehörigen Mut machen und Orientierungshilfe geben.

Die jahrelange Erfahrung der Autorin als Beraterin/Sozialtherapeutin in einer Beratungsstelle für Menschen mit Alkoholproblemen und deren Angehörige prägen dieses Buch. Es kann auch für Menschen, die im Suchthilfesystem tätig sind, sehr hilfreich sein.

Sabine Haberkern

Mutmachbuch für Angehörige von Alkoholabhängigen

Erfahrungsberichte von Angehörigen

2009. VI, 102 Seiten. Kt. ISBN 9783834004864. € 12,—

In diesem Mutmachbuch für Angehörige von Alkoholabhängigen berichten sechs Angehörige aus ihrem Leben. Diese Lebensgeschichten schildern jeweils den Weg, den diese Angehörigen gegangen sind.

Sie zeigen, wie diese Angehörigen gekämpft und gelitten haben und was sie alles versucht haben, in dem verzweifelten Versuch, den Alkoholabhängigen vom Trinken abzuhalten und ihn zu „retten".

Diese Erfahrungsberichte machen deutlich, wie sinnlos und Kräfte zehrend dieser Kampf war und zeigen wie diese Angehörigen schließlich einen besseren Weg für sich gefunden haben.

Jede einzelne Lebensgeschichte rüttelt wach, geht unter die Haut, macht Mut und kann Orientierungshilfe für Betroffene sein.

Schneider Verlag Hohengehren
Wilhelmstr. 13; D-73666 Baltmannsweiler